A Opinião e as Massas

Gabriel Tarde, filósofo, sociólogo e criminologista francês, nasceu em Sarlat em 1843. Formado em direito, foi juiz de instrução de 1875 a 1894. Entre suas publicações, há vários estudos contestando as concepções de César Lombroso e da escola italiana de criminologia. Em 1894, foi nomeado diretor da seção de estatística criminal do Ministério da Justiça em Paris, cargo que conservou até a morte, em maio de 1904.

Gabriel Tarde
A Opinião e as Massas

Tradução
EDUARDO BRANDÃO
Revisão da tradução
PAULO NEVES

Título original: L'OPINION ET LA FOULE
© *Livraria Martins Fontes Editora Ltda., 1992, para a presente edição.*
© *2024, Editora WMF Martins Fontes Ltda., São Paulo, para a presente edição.*

Todos os direitos reservados. Este livro não pode ser reproduzido, no todo ou em parte, armazenado em sistemas eletrônicos recuperáveis nem transmitido por nenhuma forma ou meio eletrônico, mecânico ou outros, sem a prévia autorização por escrito do editor.

1ª edição *1992*
3ª edição *2025*

Tradução *Eduardo Brandão*
Revisão da tradução *Paulo Neves*
Revisão *Sandra Garcia Cortés*
Produção gráfica *Geraldo Alves*
Paginação *Renato Carbone*
Capa *Katia Harumi Terasaka Aniya*

Dados Internacionais de Catalogação na Publicação (CIP)
(Câmara Brasileira do Livro, SP, Brasil)

Tarde, Gabriel, 1843-1904.
A opinião e as massas / Gabriel Tarde ; tradução Eduardo Brandão ; revisão da tradução Paulo Neves. – 3. ed. – São Paulo : Editora WMF Martins Fontes, 2025. – (Métodos).

Título original: L'opinion et la foule
ISBN 978-85-469-0620-8

1. Comportamento coletivo 2. Opinião pública I. Brandão, Eduardo. II. Título. III. Série.

24-211935 CDD-303.38

Índice para catálogo sistemático:
1. Opinião pública : Sociologia 303.38

Cibele Maria Dias – Bibliotecária – CRB-8/9427

Todos os direitos desta edição reservados à
Editora WMF Martins Fontes Ltda.
Rua Prof. Laerte Ramos de Carvalho, 133 01325.030 São Paulo SP Brasil
Tel. (11) 3293.8150 e-mail: info@wmfmartinsfontes.com.br
http://www.wmfmartinsfontes.com.br

SUMÁRIO

Introdução: Gabriel Tarde, teórico da opinião VII
Prefácio 1

I. O público e a multidão 5
II. A opinião e a conversação 57
    A opinião 57
    A conversação 73
III. As multidões e as seitas criminosas 139

INTRODUÇÃO
GABRIEL TARDE, TEÓRICO DA OPINIÃO

Esta obra de Gabriel Tarde data de 1901. Foi inicialmente apresentada ao público na forma de artigos. "As multidões e as seitas criminosas", que encontramos aqui no final do volume, foi publicado no número de novembro de 1833 da *Revue des Deux Mondes*[1]. O primeiro capítulo apareceu em duas partes nos números de 15 de julho e 1º de agosto de 1898 da *Revue de Paris*, com o mesmo título: "O público e a multidão". Enfim, "A opinião e a conversação" foi publicado nos números de 15 de agosto e 1º de setembro de 1899 dessa mesma revista.

A opinião e as massas representa um marco na teoria sociológica do grande número. Inscreve-se globalmente contra a promessa de uma desordem fatal que a demo-

---
1. Já em 1892, Tarde (1843-1904) fizera no Congresso de Antropologia Criminal de Bruxelas uma comunicação sobre a questão do grande número intitulada "O crime das multidões". Ela é retomada em seus *Essais et Mélanges Sociologiques* (Paris, Storck et Masson, 1895, pp. 61-101). Na obra de Gabriel Tarde, "As multidões e as seitas criminosas" participa de uma primeira série de trabalhos marcada pela questão da responsabilidade penal nos delitos coletivos. Trata-se aí de pesquisas de criminologia concernentes às multidões patológicas.

cracia de massa haveria de produzir. Um bom número de estudiosos desse final de século acreditava na generalização da irracionalidade política. Isso era visto como a consequência principal de um sistema que atribuía doravante uma importância decisiva não apenas ao sufrágio universal, mas a todas as nossas formas de ação coletiva, partidos, sindicatos, manifestações etc. No essencial, a busca de uma reavaliação da política de massa conduzirá Gabriel Tarde a propor os primeiros elementos de uma ciência da opinião pública, os quais encontraremos nesta obra.

A introdução que segue não abordará esses aspectos analisados alhures[2]. Gostaríamos, antes, de tentar ver como Gabriel Tarde chegou à redação dos capítulos mais inovadores deste livro na medida em que parecem já presentes na obra anterior do autor, sobretudo em seus trabalhos maiores. Mais precisamente, gostaríamos de determinar qual a teoria da opinião que embasa sua teoria do público e da opinião pública exposta neste livro. Convém assinalar a esse respeito que a reedição em 1901 de "As multidões e as seitas criminosas" é singularmente contraditória em relação ao conjunto. Seu conteúdo,

---

2. Cf. Dominique Reynié: "Opinion du nombre et irrationalité, sur Gustave Le Bon et Gabriel Tarde", publicado em *Opinion publique el démocratie* sob a direção de Bernard Manin, Pasquale Pasquino e Dominique Reynié, P.U.F. Esse trabalho é extraído de uma tese de ciência política sobre as teorias do grande número de 1988. Sobre Gabriel Tarde, pode-se consultar uma série de estudos: *Gabriel Tarde el la philosophie de lnistoire*, de Jean Milet, Paris, Vrin. Essa obra vale sobretudo por sua biobibliografia detalhadíssima. E ainda, "Histoires de psychologies sociales perdues, le cas de Gabriel Tarde", de Ian Lubek, *Revue Française de Sociologie*, julho-setembro de 1981, XXII-3, pp. 361-95; "Gabriel Tarde et la mauvaise fortune d'un 'baptême sociologique' de la science politique", de Pierre Favre, *Revue Française de Sociologie*, janeiro-março de 1983, XXIV-1, pp. 3-30.

INTRODUÇÃO   IX

que participa da corrente pessimista contra a qual publica *A opinião e as massas*[3], parece uma concessão à grande inquietude política da época, o sinal de uma última hesitação teórica ou política. Impossível compreendê-lo de outro modo.

A teoria tardeana da opinião

Origens das opiniões

Barrés escrevia: "Minhas ideias não são minhas, eu as encontrei, as respirei ao nascer. São as ideias da Lorena."[4] Em certo sentido, Tarde poderia aprovar essa reflexão. Para ele, com efeito, as ideias ou as opiniões não são as de seu "autor", pois não são propriamente *inventadas*; caberia antes dizer que são *descobertas*, ou seja, simplesmente trazidas à luz. Tudo se passa como se as ideias ou as opiniões já estivessem lá, presentes, potencialmente constituídas, prontas a completar-se ou a realizar-se numa revelação que as objetiva, mas que não as cria exata-

---

3. Em "Os crimes das multidões", Tarde revela, em linhas muito inspiradas em Taine, sua visão da multidão reunida. Pode ser útil tê-las em mente para avaliar o trajeto percorrido: "A multidão, entre as populações mais civilizadas, é sempre uma mulher selvagem ou uma faunesa, menos que isso, um bicho impulsivo e maníaco, joguete de seus instintos e de seus hábitos maquinais, às vezes um animal de ordem inferior, um invertebrado, um verme monstruoso em que a sensibilidade é difusa e que continua a agitar-se em movimentos desordenados depois de secionada sua cabeça, confusamente distinta do corpo. Pois a 'besta humana' varia segundo cada espécie de multidão, e existe toda uma fauna humana, por assim dizer, a estudar" (*Essais et Mélanges Sociologiques, op. cit.*, pp. 67-8).

4. *Mes Cahiers*, torno XI (junho 1914-dezembro 1918), Paris, Plon, 1938, p. 395.

mente, e que se chama "invenção". A propósito da crença e do desejo (ou necessidade) que procuraremos analisar mais adiante e que são duas das categorias fundamentais de sua teoria social, Tarde escreve: "Essas crenças e necessidades, que a invenção e a imitação especificam e que, neste sentido, criam, mas que virtualmente preexistem à sua ação, têm sua origem profunda mais abaixo do mundo social, no mundo vivo."[5] Do mesmo modo, quando observa que uma sociedade deve ser composta "por um grupo bastante numeroso para fazer brotar as principais variedades morais da espécie humana"[6], Tarde indica claramente, pela imagem da eclosão, que as ideias estão ali e que é preciso descobri-las, como se descobre um objeto que se dissimula, ou seja, que já está dado. Essa é precisamente a tarefa do "inventor". Ele não poderá conceber uma ideia. Quando muito terá a agradável ilusão disso. Enfim, para Tarde, as ideias não são em número infinito, mas, ao contrário, em número limitado: "Toda invenção que brota é um possível realizado entre mil, em meio aos diferentes possíveis."[7] Ora, não pode haver limitação quantitativa, aqui compreendida na ideia de um "possível", sem que o objetivo seja determinado, isto é, sem que os possíveis preexistam. Dito de outro modo, se as ideias, as atitudes ou os gostos realizáveis que Tarde, na segunda passagem citada, chama de "variedades morais", são em número limitado, resulta necessariamente que já se encontram dados e que por isso não se pode pensar em *inventá-los*. A invenção tardeana se reduz portanto

---

5. *Les Lois de l'imitalion*, 2. ed., 1895 (edição original, 1890), Slatkine, coleção "Ressources", Paris-Genebra, 1979, p. 159.
6. *Ibid.*, p. 20.
7. *Ibid.*, p. 49.

INTRODUÇÃO XI

a uma descoberta, à revelação de um dado que preexiste ao inventor e o ultrapassa.

Mas essa descoberta também não é exatamente um ato individual. Convém antes dizer que a invenção tardeana atravessa o indivíduo, parece extrair-se do mundo vital para atingir o mundo social graças à mediação do sujeito que, sem o saber, não é mais que o instrumento de um misterioso desígnio. A partir daí, a invenção torna-se "um cruzamento feliz, num cérebro inteligente, de uma corrente de imitação que o reforça, seja com uma outra corrente de imitação, seja com uma percepção exterior intensa que lança uma luz imprevista sobre uma ideia recebida, ou com o forte sentimento de uma necessidade da natureza que descobre num procedimento usual recursos inesperados"[8]. A invenção da opinião efetua-se num cérebro – "inteligente", nos diz ele, como para fazer uma concessão à ideia individualista do destino excepcional – que não é nada mais que um *lugar*: aquele onde se produz esse encontro necessário entre diversos fluxos sociais que dará origem a uma opinião nova, inicialmente desconhecida de quase todos, depois convertida ela mesma em fluxo social.

A ideia de um "cruzamento feliz" remete a uma lógica social e, além desta, cosmológica pertencente à filosofia de Tarde, que pode parecer deveras espinosista. Não se trata da produção de uma ideia por um indivíduo que agiria de maneira autônoma, que seria como que a fonte primeira de uma opinião. O indivíduo *encontra* uma ideia. O único aspecto verdadeiramente individualista reside nesse encontro entre uma ideia e um indivíduo. Pode-se dizer, em última análise, que nessa teoria da opinião não há interioridade do produtor. Ao descobrir uma ideia,

---

8. *Ibid.*, p. 47.

este manifesta simplesmente sua adequação a uma exterioridade, na verdade a uma *Natureza*, que o excede largamente, ou melhor, que o atravessa totalmente e da qual ele é apenas um dos elementos. Por fim, mas é uma questão que não está examinada aqui, não há em Tarde diferença ontológica entre a Natureza e a Humanidade, não há natureza humana. O cérebro é apenas o elo consciente da grande cadeia da Opinião que deve aqui seu movimento ao vasto processo da Natureza, imanente a todas as coisas e, portanto, a todo homem.

Assim, as novas opiniões, as novas atitudes, não são o puro produto de uma razão particular, mesmo quando fosse admitida razoavelmente a influência exterior do meio, do passado, da formação, da discussão etc. Elas não são o produto de uma razão no sentido de que não provêm dessa razão, não encontram nela a origem de sua existência, mas simplesmente a origem de sua revelação. Sua existência, de certo modo preexistente à descoberta, é simplesmente anunciada pelo inventor ao conjunto da sociedade. O produtor de ideia age como a peça de um mecanismo, é por assim dizer instrumentalizado, curva-se a uma demanda imperiosa que o ultrapassa. Sua ação equivale a realizar o grande desígnio da Natureza, rompendo a camada que retinha uma ideia enterrada, mas viva, abrindo uma brecha pela qual a opinião nova vai jorrar antes de se impor. A invenção é uma forma de simpatia, de comunhão entre o homem social e a Natureza. O inventor lúcido poderia quase assistir ao "feliz cruzamento" que nele se produz. Por intermédio dele, a ideia é arrancada à imobilidade e à obscuridade, projetada no movimento e na luz da sociedade para começar uma segunda vida, ritmada e determinada pela imitação.

INTRODUÇÃO   XIII

Propagação das opiniões

Em Tarde, é bem sabido, a imitação é o princípio constitutivo das comunidades humanas. Por isso ele define a sociedade como "uma coleção de seres na medida em que estão se imitando entre si"[9]. A imitação, compulsória ou espontânea, eletiva ou inconsciente, transforma a descoberta individual num fato social. A opinião, a ideia ou o desejo de um torna-se progressivamente a opinião, a ideia ou o desejo de um grande número. O futuro normal de uma inovação é sua propagação, seu futuro ideal é a propagação universal. À questão de saber sobre o que repousa esse fenômeno de imitação de um indivíduo por outro, depois por uma multidão, Tarde responde que ele provém da *sugestão*, que não é mais que uma forma de "hipnotismo". Desde sempre, o estado social é um estado hipnótico. Voltaremos a esse ponto. Se a idade moderna caracteriza-se pela generalização nos indivíduos do sentimento de autonomia, "embora, sem saber, eles sejam autômatos"[10], em realidade as ideias, as opiniões ou os gostos não se tornaram mais espontâneos. Nascida de um "feliz cruzamento" num cérebro individual, a opinião vai ou não vai propagar-se, com maior ou menor rapidez, durante mais ou menos tempo. Com efeito, a nova opinião pode ir no mesmo sentido de uma opinião existente já partilhada pelo grande número. Nesse caso ela acarreta um reforço da opinião existente. Tarde falará então de "interferência-combinação". Mas a ideia nova também pode contradizer uma opinião dominante e produzir uma "interferência-luta". A inovação poderá então expandir-se progressivamente e substituir

---
9. *Ibid.*, p. 76.
10. *Ibid.*, p. 84.

pouco a pouco a opinião dominante, até tornar-se ela própria uma opinião dominante descartada futuramente por uma nova opinião. Aparecer e crescer, depois estagnar e finalmente recuar diante do aparecimento de uma ideia nova, tal é a lei simples que caracteriza o movimento das ideias e das necessidades, dos gostos ou das crenças.

A opinião planetária

"Pelo próprio fato de uma ideia nova, um gosto novo, ter-se enraizado em alguma parte num cérebro feito de certo modo, não há razão para que essa inovação não se propague com maior ou menor rapidez num número indefinido de cérebros supostamente semelhantes e postos em comunicação. Ela se propagaria *instantaneamente* em *todos* os cérebros se sua similitude fosse perfeita e se eles se comunicassem entre si com uma completa e absoluta liberdade."[11] Voltaremos mais adiante à tal concepção da "persuasão". Notemos simplesmente aqui que, se os cérebros fossem perfeitamente idênticos e se pudessem comunicar-se perfeitamente entre si, uma nova opinião seria imediatamente partilhada por todos. Logo, uma inovação está tendencialmente votada à universalidade. É verdade que nem todos os cérebros são biologicamente idênticos, é verdade que existem entraves à liberdade de comunicação, mas, com maior ou menor rapidez, a nova opinião acabará por ser a opinião de todos. Tarde pretende ver nisso o conteúdo da idade moderna. Desde sempre a inovação esteve orientada para sua maior difusão possível, mas a mudança, nunca a moda propa-

---

11. *Ibid.*, p. 25. Todas as palavras sublinhadas nas citações o são pelo autor.

INTRODUÇÃO XV

gou-se tão rápida e amplamente quanto nos tempos modernos. As sociedades do passado, anteriores à Revolução Industrial, estavam isoladas, muito mais alheias umas em relação às outras. Observavam-se inclusive diferenciações no interior de cada uma dessas comunidades, entre as pronúncias, entre as cidades. Abandonadas a si mesmas, tais unidades de culturas específicas eram menos propensas a se transformar: o *costume* prevalecia largamente então sobre a *moda*, a fixidez sobre o movimento. As ideias dominantes o eram por muito tempo. Esse tempo acabou. A modernidade põe fim ao reinado absoluto do imobilismo. A partir do século XIX cada sociedade tende a homogeneizar-se. As cidades e as províncias assemelham-se, assim como os valores, os gostos e a língua. A rapidez dos transportes e da comunicação, aumentada pelo trem e pelo telégrafo, e a informação de massa desempenharam um papel decisivo nesse processo, instituindo uma clara abertura para o exterior. O mesmo processo de influência e de imitação observado no interior de cada nação poderá então produzir-se no plano internacional, abrindo a possibilidade de uma uniformização planetária. A nova comunicação instala-se pouco a pouco. A rapidez com que uma opinião, um gosto, um comportamento novo se difunde, isto é, com que é adotado pelos membros de uma comunidade, aumenta até tornar-se em breve máxima. Suponhamos, nos diz Tarde, que esse movimento seja levado ao mais alto grau; "a transmissão imitativa de uma iniciativa feliz surgida em qualquer lugar sobre toda a massa humana seria quase instantânea, como a propagação de uma onda num meio perfeitamente elástico. Corremos rumo a esse estranho ideal"[12]. A *extensão* está ligada à velocidade. Há primeira-

---

12. *Ibid.*, p. 399.

mente extensão do campo da comunicação, porque a aceleração da circulação das opiniões é acompanhada, com a diminuição das fronteiras sociais, de um aprofundamento da comunicação que afeta igualmente os membros de todas as classes sociais: "refiro-me ao progresso das comunicações e à circulação indefinidamente acelerada das ideias num domínio incessantemente ampliado acima de todas as divisões em clãs, classes, credos, Estado"[13]. Mas há também extensão porque a inovação que outrora não podia esperar vencer os limites da província hoje não tem mais limites. Pelo efeito dessa imitação geral, "o círculo social amplia-se até os limites do gênero humano"[14]. A humanidade torna-se, assim, o campo possível, e pouco a pouco obrigatório, em que se manifestarão as ideia novas. Humanidade que designa não o conjunto dos homens esclarecidos, o que formaria apenas uma elite mundial, mas o conjunto efetivo de todos os homens que vivem nesta terra e ao qual nos dirigimos doravante diretamente. Eis aí, de forma bastante tendencial, o interlocutor moderno das ideias novas, a verdadeira comunidade dos homens. É a ela que se dirigem daqui para a frente os que querem fazer triunfar uma opinião.

Tal é a atividade principal de nossas sociedades. Ela reside nessa luta permanente entre o *costume*, isto é, o conjunto das ideias que se impuseram por um certo tempo, e a *moda*, que designa as ideias novas que se lançam contra o antigo sistema e aspiram a substituí-lo. Cada costume é, portanto, uma antiga moda que conseguiu impor-se contra um costume mais antigo, destinado por sua vez a apagar-se diante de uma moda nova. Mas as opiniões modernas, que aparecem e se difundem com uma

---

13. *Ibid.*, p. 387.
14. *Ibid.*, p. 369.

velocidade fulgurante, sobrevivem, em contrapartida, por muito pouco tempo. A volatilidade e a fragilidade das ideias é também uma característica lógica do mundo contemporâneo. De outro lado, pela extensão do campo da moda, o espaço social situado fora de seus efeitos, fora da mudança, tende a reduzir-se consideravelmente. Assim, aos olhos de Gabriel Tarde, uma sociedade parece tanto mais avançada nesse caminho inevitável quanto mais reduzido o espaço social fixo num costume e quanto mais rápido age a moda, tendo como velocidade máxima e ao mesmo tempo ideal a do cérebro individual. A humanidade terá tocado a margem extrema de sua história quando pensar tão rapidamente quanto um cérebro individual. Talvez então cesse o extraordinário movimento da moda contra o costume e talvez se chegue "à fixidez reconfortante do Ideal, chegada enfim à sua pacificadora uniformidade"[15].

Rumo a uma teoria sociológica da opinião

A opinião consumida

Em Gabriel Tarde, os termos opinião e ideia, a todo momento substituídos um pelo outro, são empregados indiferentemente. Essa substituição sistemática sugere, e muito, uma equivalência. Mas é também teorizada na polarização, cara ao autor, entre duas categorias principais: o *desejo* e a *crença.* É uma das primeiras ideias sociológicas de Tarde expressa já em 1880 na *Revue Philosophique*[16]. Se

---

15. *Ibid.*, p. 375.
16. Cf. "La croyance et le désir: possibilité de leur mesure", julho--dezembro de 1880, tomo X, pp. 150-80 e pp. 264-83.

a invenção e a imitação são os atos sociais elementares, elas são, no entanto, apenas a *forma* desses atos, como a ideia ou o querer, o julgamento ou o propósito, dos quais resta determinar o conteúdo, ou a *substância*. Essa substância é compósita. É feita de crença e de desejo. Tarde julga perceber aí as duas "quantidades psicológicas" essenciais que produzirão as grandes quantidades sociais graças às combinações efetuadas pela invenção e a imitação. As crenças modelam as sociedades, dão-lhes instituições religiosas, *morais*, jurídicas, políticas e inclusive linguísticas; elas são, conforme ele diz, suas "forças plásticas". Por outro lado, os desejos ou as necessidades, principalmente *econômicas*, são as "forças funcionais" dessas sociedades. Portanto, toda sociedade humana é um sistema complexo de crenças e de desejos introduzidos na vida social pela invenção e propagados pela imitação.

Entretanto, se a opinião ou a ideia remetem de início naturalmente à crença que se distingue da necessidade ou do desejo, essa distinção parece dever esfumar-se em *As leis da imitação*. Muito rapidamente, com efeito, Tarde procura justificar a ideia ou a opinião como justifica o desejo ou a necessidade. Sua abordagem de certo modo "exterior" da opinião, porque valoriza o estudo da propagação, do conflito com as opiniões dominantes, da obsolescência de uma ideia medida por seu declínio, leva-o irresistivelmente a confundir o conjunto dessas noções, que ele quer poder analisar graças a uma mesma referência: "é claro que o sucesso maior ou menor de uma ideia, no dia de seu aparecimento, daria a razão por assim dizer matemática de sua progressão ulterior. A partir de agora, os produtores de artigos de primeira necessidade, logo destinados a um consumo universal, podem predizer, conforme a demanda de um ano a determinado preço, qual será a demanda do ano seguinte ao mesmo preço, se não intervier nenhum entrave proibicionista ou de outra na-

INTRODUÇÃO XIX

tureza, ou se nenhum artigo similar e mais aperfeiçoado for descoberto"[17]. Assim, do mesmo modo que os industriais podem calcular o consumo vindouro de um produto novo, os produtores de ideias poderão um dia prever a difusão futura de uma nova opinião. Os bens de consumo e as opiniões obedecem, pois, a uma lógica idêntica que não pode deixar de determiná-los no mesmo sentido. A partir daí, as diferenças entre uma opinião e um bem de consumo fazem-se tênues. Disso decorre necessariamente que o ato de optar por esta ou aquela opinião tende a ser da mesma natureza que o ato de consumir este ou aquele produto. A opinião é assimilada a um consumo, dependente como este da moda, da imitação, do gosto de um momento, da idade, da posição social etc. Passamos da opinião discutida à opinião consumida. Tarde não diz porém que a discussão desaparece; ela subsiste, mas como um véu, como uma aparência que permite salvar a ilusão da livre escolha à qual a mentalidade moderna é tão apegada.

Opinião, imitação e persuasão

A opinião recentemente aparecida propaga-se graças ao movimento social da imitação, que se produz a cada instante sob formas imperceptíveis. Mas de que é feita essa imitação? Ela consiste em um "fenômeno dos mais misteriosos"[18], que ele chama primeiramente de "sonambulismo"[19] e, depois, de "hipnotismo". Devem-se

---

17. *Les Lois de l'imitation, op. cit.*, p. 20.
18. *Ibid.*, p. 82.
19. Cf. "Qu'est-ce qu'une société?", *Revue Philosophique*, julho-dezembro de 1884, tomo VIII, pp. 489-510. Esse texto constitui o capítulo III de *Les Lois de l'imitation*, pp. 64-96.

ver aí os efeitos dos trabalhos de Bernheim, Richet, Binet, aos quais ele atribui uma grande importância. Para Tarde, toda a vida social e, por conseguinte, toda opinião, reduz-se em última instância a uma sugestão: "O estado social, como o estado hipnótico, não é senão uma forma do sonho, um sonho imposto e um sonho em ação. Ter apenas ideias sugeridas e julgá-las espontâneas, tal é a ilusão própria do sonâmbulo, e, também, do homem social."[20] Isso vale para qualquer época. Se temos hoje o sentimento de sermos mais autônomos, é porque a sugestão tornou-se mútua. Cada um de nós age sobre todos; cada indivíduo sugerido sugere a seu redor. A relação de hipnotizador a hipnotizado não desapareceu, simplesmente tornou-se recíproca ou alternativa. Continuamos sendo, sem que o saibamos, sem que possamos acreditar, "autômatos" que Tarde se compraz em aproximar de "autônomo"[21], como que para melhor ironizar a imensa distância que separa o sonho moderno da realidade revelada pelo sábio. Com efeito, é uma ilusão própria de nossa época, uma ilusão que nos caracteriza e nos constitui, a de dar crédito às opiniões adotadas em consequência de um acordo de conveniência estabelecido entre um inovador e os que se dispõem a segui-lo. Ontem acreditávamos no que diziam padres e antepassados, hoje repetimos as ideias novas: "é o que se chama substituição da credulidade pelo livre exame"[22]. A "imposição persuasiva" tomou o lugar da "imposição autoritária", segundo as categorias de Tarde, mas a imposição permanece. Se pensamos ser livres, é à força de servidão: "o cidadão dos tempos novos orgulha-se de fazer uma *livre escolha* entre

---

20. *Les Lois de l'imitation, op. cit.*, p. 83.
21. *Ibid.*, p. 84.
22. *Ibid.*, p. 266.

INTRODUÇÃO XXI

as proposições que lhe são feitas; mas, em realidade, a que ele aceita, a que ele segue, é aquela que responde melhor a suas necessidades, a seus desejos, que preexistem a e resultam de seus hábitos, seus costumes, todo o seu passado de obediência"[23]. A única coisa que mudou na difusão das ideias foi a representação que nós fazemos delas. Tanto hoje como ontem não escolhemos realmente nossas opiniões.

É assim que, em Tarde, uma ideia equivale sempre a outra. É verdade que em diversas passagens ele procura visivelmente defender-se dessa incômoda consequência lógica. No entanto, com toda a evidência, o que conta não é o conteúdo da imitação mas sim a própria imitação, pois ela é todo o vínculo social. Em outras palavras, o fenômeno social não reside fundamentalmente no sentido da opinião, num conteúdo particular de que seríamos portadores, mas no fato de opinar no mesmo sentido – teoricamente, qualquer que seja esse sentido. A questão do sentido não se coloca portanto, e isso tanto mais que o critério de *verdade* de uma opinião só se encontra em potência quantitativa, ou seja, no número de indivíduos que a partilham. Embora haja aí um traço deixado pela estatística moral de Quetelet, também é preciso ver nessa concepção os efeitos do economismo de Tarde: "A verdade de uma ideia, no sentido social da palavra, aumenta na medida em que a fé nessa ideia se expande num maior número de espíritos de igual importância social e fortifica-se em cada um deles. Ela diminui no sentido inverso. O valor ou, para falar mais exatamente, a utilidade de um produto aumenta ou diminui na medida em que o desejo desse produto, assim como a fé nele, se propaga

---

23. *Ibid.*, p. 267.

ou se restringe."[24] Percebe-se bem, aqui, de que maneira Tarde assimila a ideia, que pertencia de início à categoria da crença, ao desejo, que parecia obedecer a uma outra lógica. Do mesmo modo que o uso de um bem define seu valor econômico, o uso de uma opinião define seu valor de verdade. A verdade não é a justeza, é uma quantidade. Por isso o vínculo social realmente moderno, ou seja, o nosso, é a opinião pública, e não uma verdade determinada. Em outras palavras, o vínculo social está na comunidade de pensamento. A opinião comum, à qual Tarde atribui alhures o conteúdo de uma "cenestesia social"[25], torna-se portanto o elemento central da nova identidade coletiva. A vida social passa a adquirir a forma dessas mudanças de opinião, dessa eterna sucessão já evocada da moda ao costume, de uma opinião pública, de uma verdade social a uma outra, nas quais nos reconhecemos sucessivamente.

A ideia de uma opinião comum como verdade social e como identidade social leva Gabriel Tarde a pensar a opinião pública como *opinião integral.* A expressão não é de Tarde. Se uma opinião política nova surge, ela produz, ao difundir-se, o declínio de uma ou de várias opiniões políticas mais antigas. Por outro lado, a opinião nova pode também achar-se em concorrência com outras opiniões novas. Em ambos os casos, produz-se um "duelo lógico". Entre todas essas opiniões que se chocam, só pode restar uma única, que será em breve a opinião pública. Aqui, o reputado psicologismo de Tarde, que não obstante levanta

---

24. *L'opposition universelle*, Essai d'une théorie des contraires. Paris, Alcan, 1897, p. 340.

25. *La philosophie pénale*, Paris-Lyon, A. Stock e G. Masson (2. ed.), pp. 115 ss.

INTRODUÇÃO XXIII

alguns problemas[26], parece produzir certos efeitos, em primeiro lugar o de assimilar aparentemente o pensamento coletivo a um pensamento individual. Ao "duelo interior", isto é, à oscilação de uma consciência que hesita entre várias opiniões que se apresentam a ela, sucede o" duelo social", ou seja, a meditação de toda uma sociedade que, à imagem do indivíduo que determina sua vontade, acaba por se decidir em favor de uma das opiniões em conflito. Assim como no interior de uma consciência não poderia coexistir por muito tempo uma pluralidade de opiniões contraditórias, uma comunidade também não poderia suportar a ausência de uma opinião comum. Mas, em Tarde, essa comunidade de opinião deve ser completa. Chega-se então inevitavelmente à erradicação de qualquer outra opinião que se aplique ao mesmo objeto. Nesse duelo lógico-social, a opinião só pode desaparecer totalmente ou triunfar plenamente, jamais irá conciliar. A opinião que não conseguir se impor como opinião comum não poderá subsistir sequer em estado minoritário, porque não há opinião minoritária no interior de um cérebro individual. "Quando uma irresolução social se produz e se acentua, ela tem de se resolver, por

---

26. Em primeiro lugar, o próprio Tarde afirma, já nas primeiras linhas de *A opinião e as massas*, que "a expressão *psicologia coletiva* ou *psicologia social* é seguidamente compreendida num sentido quimérico que convém antes de tudo descartar. Este consiste em conceber um *espírito coletivo*, uma *consciência social*, um *nós*, que existiria fora ou acima dos espíritos individuais" (*Prefácio*, p. v). Isso não o impede de escrever logo em seguida que a opinião "está para as multidões e os públicos assim como o pensamento está para o corpo, de certo modo" (*ibid.*, p. vi). Mas sobretudo poderíamos nos perguntar se se trata realmente de um psicologismo, se não existe, ao contrário, fora da onipresença da metáfora psicológica, bem como acima de tudo isso, um "cosmologismo" em que a ordem social não seria nada mais que uma declinação da ordem biológica, ela própria variante das grandes leis cosmológicas.

sua vez, numa resolução. De que forma? Por uma nova série de irresoluções individuais seguidas de atos de imitação."[27] Se Tarde quisesse dizer com isso que toda comunidade em deliberação deve, num momento dado, saber decidir em certo sentido para pôr fim ao debate e permitir a ação coletiva, tratar-se-ia de uma evidência de bom senso com a qual todo o mundo poderia facilmente concordar. Mas é numa ideia bem diferente que ele pensa ao precisar que "um dos programas políticos em torno dos quais se divide uma nação expande-se por meio da propaganda ou do terror até conquistar um a um quase todos os espíritos"[28]. Se opiniões divergentes não podem coexistir por muito tempo, pois a comunidade não saberia abster-se de uma vontade firmemente determinada, o destino de uma nova opinião só pode ser, com efeito, impor-se progressivamente a todos os espíritos. Trata-se, aliás, para Tarde, de um movimento que ultrapassa largamente o mero caso das opiniões. A marcha do mundo social e, aquém como além deste, a marcha do universo tendem à homogeneização, à similitude: "o que a *coisa social*, como a *coisa vital*, deseja acima de tudo é propagar-se, e não organizar-se. A organização não é mais que um meio cujo objetivo é a propagação, a repetição *generativa* ou imitativa"[29]. Já vimos esse ponto: se uma opinião não se propaga espontaneamente de maneira universal, é por causa da similitude imperfeita dos cérebros e de uma liberdade também imperfeita de comunicação entre eles. A propagação limitada ou não universal de uma opinião repousa, portanto, na existência de obstáculos biológicos e sociais, que são os únicos a impedir o acordo de todos,

---

27. *Les Lois de l'imitation*, p. 182.
28. *Idem*.
29. *Id.*, p. 80.

acordo esse que continua sendo tendência natural. O desacordo dos espíritos não é, de modo algum, fundado na razão; é como o signo de uma adequação inacabada entre a humanidade e a grande lógica do mundo.

Assim, a imitação acarreta a propagação dos comportamentos sociais e sua adoção pelo grande número dos membros da comunidade. A similitude das opiniões ou das necessidades conduz naturalmente à ideia de uma *quantidade social*, que um conjunto composto de uma pluralidade de elementos total ou grandemente heterogêneos tornaria impossível ou pouco pertinente. O princípio da similitude abre a possibilidade de uma estatística social. Mas, sobretudo, a opinião deixa de ser uma realidade individual para se tornar um fato antes de mais nada coletivo. Eis aí uma mudança capital na natureza e no estatuto da opinião.

A opinião e o futuro da estatística

A estatística enumera a repetição de um comportamento social, isto é, sua adoção, mais ou menos consciente, pelo grande número. Mas seu interesse maior não está no simples registro do que acontece num momento dado em determinada sociedade e que se poderia relacionar por comparação ao que acontece no mesmo momento numa outra sociedade; está, ao contrário, na medida da *propagação* de um ato de fabricação, de um ato de venda ou de compra, de um consumo, de uma votação etc., no interior *de uma mesma comunidade*. A estatística deve ser feita de curvas, e não de mapas, porque sua vocação é esclarecer o movimento de uma sociedade, revelando o sentido e a intensidade da imitação nos grandes domínios da vida social.

Mas, precisamente, a estatística de então não cobre todos os domínios da vida social. Assim, Tarde lamenta que ela seja apenas sociológica, industrial e comercial, jurídica ou demográfica. O campo da política quase não é coberto na época: "De estatística política só temos um germe sob a forma de mapas eleitorais."[30] Cumpre buscar um paliativo a essa insuficiência. Tarde encontra-o no sufrágio universal: "sufrágio universal talvez só tenha valor, mas um valor sério, por um aspecto não percebido, a saber: como um *trabalho intermitente de estatística política* pelo qual uma nação é chamada a tomar consciência das mudanças que se operam em seus desejos e suas opiniões sobre questões vitais"[31]. Percebe-se claramente que o modo de eleição dos representantes, ou seja, até certo ponto, a forma do Estado, não tem uma tarefa *política* a cumprir – por exemplo, dar à comunidade uma direção aprovada pela maioria –, mas uma tarefa de ordem *social*: tomar consciência de si enquanto comunidade. Claro que essa dimensão não está ausente da teoria tradicional do sufrágio universal, mas aqui ela é primária e principal. Gabriel Tarde não aprova o sufrágio universal se tiver de se pronunciar sobre a instituição política. Ele admite apenas como instrumento de medida e definição da identidade coletiva.[32]

Mas, se o voto permite à nação *tomar consciência* das mudanças que se operam, é porque elas já ocorreram, quer dizer, já são efetivas. Reencontramos aqui a teoria tardeana da opinião: os indivíduos vão periodicamente votar, não para *decidir* qual sentido deverá ter sua comu-

---
30. *Id.*, p. 117.
31. *Id.*, nota 1, pp. 117-8.
32. Cf. "Le suffrage dit universel", em *Études pénales et sociales*, Storck et Masson, 1892, pp. 439 ss.

INTRODUÇÃO XXVII

nidade, mas muito pelo contrário para *se informar* sobre o que sucedeu. O destino do grupo não é indeterminado, mas está por conhecer; não se encontra nas mãos dos membros que teriam toda a liberdade para defini-lo, mas já está inscrito no corpo social e cada indivíduo já é seu portador, embora sem o saber. A identidade individual e a identidade coletiva só se tornam inteligíveis após essa operação estatística de revelação. Do mesmo modo que o indivíduo não é o inventor verdadeiro de uma ideia nova, também a comunidade não inventa seu destino. O destino coletivo encontra-se igualmente oculto num misterioso aquém do social. Assim, Tarde não atribui ao voto nenhum valor político. Só o aceita pela simples razão de que cumpre essa função social essencial de informação da sociedade sobre si mesma. Ele o reduz explicitamente a um instrumento estatístico. Por isso o critério que deve prevalecer na reforma do sufrágio universal é, para ele, um critério puramente técnico ligado a exigências de rendimento. Se deseja tornar o sufrágio realmente universal, é essencialmente para melhorar seu desempenho como instrumento da estatística: "Para exercer-se nas condições aconselhadas pelo cálculo de probabilidade, esse trabalho deve apoiar-se em números muito grandes. Daí a necessidade de ampliar o sufrágio o máximo possível e, sobretudo, *universalizar* de fato o sufrágio dito universal."[33]

Mesmo aí, segundo Tarde, só temos uma estatística política bastante imperfeita, pois no seu entender ela sofre de duas insuficiências. Primeiro, só informa por *intermitência*, uma vez que nada se sabe da evolução da opinião política, ou seja, da comunidade, fora das consultas eleitorais. Depois só apreende o que goza do "privilégio de mensurabilidade": "sob quaisquer aspectos a considerar-

---

33. *Les Lois de l'imitation*, nota 1, p. 118.

mos, uma sociedade deixa perceber facilmente coisas que aumentam ou diminuem, altas ou baixas, entre as quais há somente um pequeno número que a estatística consegue medir, o que não quer dizer que estas sejam quantidades mais puras ou mais reais que as outras. Seu privilégio de mensurabilidade advém na maioria das vezes de algum sinal exterior e facilmente apreensível que as dispõe ao cálculo, a despeito de sua homogeneidade insuficiente, ao passo que outras, bem mais homogêneas, mas menos visíveis, escapam aos calculadores"[34]. Aqui, Tarde designa duas carências que enfraquecem a estatística. Em primeiro lugar, se é possível medir a extensão de uma opinião política contabilizando as cédulas eleitorais que a representam, ainda não é possível avaliar sua *intensidade*: "pode acontecer que, quando um governo é abalado em seu prestígio, o apoio de seus adeptos caia à metade, embora as cifras só indiquem um leve decréscimo, como se observa nos escrutínios na própria véspera de uma derrocada súbita"[35]. A estatística do final do século XIX, que Tarde conhece muito bem por ser um de seus promotores[36], não dispõe dos instrumentos técnicos capazes de fornecer informações. A dificuldade, escreve ele, vem de que, "no fundo das coisas a medir estatisticamente, encontram-se qualidades internas, cren-

---

34. *L'opposition universelle*, op. cit., p. 333.
35. *Les Lois de l'imitation*, p. 116.
36. Gabriel Tarde foi inicialmente juiz civil em Sarlat. É assim que se tornará um dos mais famosos criminologistas de seu tempo, especialmente após ter refutado a tese do determinismo fisiológico de Lombroso, a partir sobretudo de uma análise rigorosa das estatísticas criminais. Em 1893, o Ministério da Justiça confia-lhe a redação de um relatório sobre a estatística criminal francesa, cuja direção ele assume a partir de 1894.

INTRODUÇÃO XXIX

ças e desejos"[37], tudo o que é privado desse privilégio de mensurabilidade e que, no entanto, seria útil conhecer. Em segundo lugar, as imitações percebidas pela estatística da época são imitações realizadas. É precisamente porque são efetivas, isto é, exteriorizadas, que elas são mensuráveis. Não se contabiliza o que ele chama de "imitações desejadas", as aspirações, os desejos da comunidade, que no entanto ele gostaria de chegar a captar: "a estatística habitual não parece inquietar-se com isso e julgaria esse tormento ridículo, muito embora, por vários procedimentos indiretos, a avaliação aproximativa dessa força possa às vezes estar ao seu alcance"[38].

É importante aperfeiçoar os instrumentos da estatística porque ela é muito mais do que um simples meio de observação posto à disposição dos cientistas, porque seu interesse não reside apenas em finalidades de conhecimento e de interpretação científicos da sociedade. Se deve servir para determinar a força imitativa de cada invenção, de cada opinião nova, sua tarefa será também – e, sem dúvida, principalmente – "mostrar os efeitos favoráveis ou prejudiciais produzidos pela imitação de cada uma delas e, por conseguinte, influir que terão conhecimento desses resultados numéricos, sobre a propensão que teriam a seguir ou não estes ou aqueles exemplos"[39]. Pois a estatística tem a vocação de ser *tornada pública*. Ela deve ser publicada a fim de que a sociedade conheça a si mesma, saiba o que ela é e aquilo em que se transforma. Ela deveria inclusive constituir o essencial da informação futura. O jornal ideal "seria um jornal sem artigos políticos e repletos de curvas gráficas, de mensagens e notícias se-

---
37. *Id.*, p. 116.
38. *Idem.*
39. *Id.*, p. 121.

cas"[40]. A estatística torna-se uma verdadeira instituição social de interesse geral que, para isso, será assumida pelo Estado, como o é precisamente a organização do sufrágio. Torna-se aquele "olho" com que Tarde sonhava, o olho da sociedade, verdadeiro órgão social. As múltiplas vibrações da atividade social individual e coletiva seriam assim sintetizadas, do mesmo modo que o olho natural sintetiza uma série de sensações externas para oferecer finalmente uma imagem nítida e clara do mundo.

Percebe-se que a *opinião política*, em Tarde, não tem especificidade essencial. Ela não se distingue de uma opinião estética, de uma escolha de consumo ou de uma preferência qualquer. Pode-se dizer que, aqui, a opinião política só se diferencia do gosto ou de uma preferência econômica na mesma medida em que um julgamento de gosto aplicado a uma cor pode distinguir-se de um julgamento de gosto aplicado a uma forma. A opinião política é de certo modo um julgamento de gosto aplicado à Política. Não se trata de pretender que Tarde atribua à categoria do gosto uma posição de destaque. Com efeito, poder-se-ia muito bem dizer, ao contrário, que o gosto é uma opinião que se aplica a uma forma, a uma cor, a um sabor etc. Trata-se muito mais de ilustrar a confusão sistemática e voluntariamente feita entre gosto, necessidade, ideia e opinião. Ela leva a pensar que a opinião política obedece às mesmas regras de emergência de formulação e de propagação, à mesma lógica da vida e de morte, de nascimento, crescimento e desaparecimento. A opinião política, tanto comum como individual, encerra um grau comparável de irracionalidade, de mimetismo irrefletido.

Do mesmo modo, o *público* e a *opinião pública* não são, em Tarde, conceitos políticos. São antes de tudo con-

---

40. *Id.*, p. 148.

INTRODUÇÃO XXXI

ceitos sociológicos, ou melhor, psicossociológicos. Assim, não existem dois públicos: um, político, que seria a instância crítica do poder, seu interlocutor constituído pelo conjunto dos *cidadãos*; o outro, que seria desta vez uma entidade econômica e social, formada por indivíduos sociais produtores e *consumidores*. Há apenas uma única e mesma forma social, receptora de opiniões políticas como também é receptora dos gostos e das modas de todo tipo. A opinião pública não é a expressão de um objeto privilegiado, que seria, por exemplo, a opinião política dominante. Embora, é claro, seja preciso atribuir um papel importante às tendências políticas, a opinião pública tardeana não é essencialmente política. Ela é feita também do sentimento religioso, dos hábitos de consumo, dos gostos culturais majoritários etc.

Na história do conceito de opinião pública, Gabriel Tarde ocupa certamente um lugar à parte. Quando Habermas procurava, em O *espaço público*, reconstituir sua evolução, sabemos que a pensava em termos de degradação. Ao contrário de uma origem ideal situada nos salões da burguesia esclarecida do final do século XVIII, a opinião pública teria designado progressivamente uma instância receptora de manipulação e de propaganda política e comercial: "O sintagma 'opinião pública' adquire um sentido diferente, conforme a reivindiquemos como instância crítica em face da 'publicidade' imposta, correlativa do exercício do poder político e social, ou conforme nos sirvamos dela para designar a instância 'receptora' da 'publicidade' de demonstração e manipulação, que enaltece bens de consumo, programas políticos, instituições ou personalidades."[41] Deixemos de lado aqui a questão

---

41. *L'Espace public*, trad. fr. Marc de Launay, Paris, Payot, 1986 (ed. original, 1962), p. 246.

do julgamento feito por Habermas sobre essa perversão, cuja avaliação suscita alguns problemas[42]. Num plano estritamente histórico, pode-se concordar com a constatação. Nessa perspectiva, a obra de Gabriel Tarde assume uma importância maior por ter fortemente contribuído para essa transformação. Tarde é, assim, o primeiro a teorizar a nova forma da relação social de massa, à qual ele dá o nome de *público*. A ciência do público que ele reivindica e que deveria, como foi lembrado, atribuir um lugar importante à quantificação estatística, achará sua expressão vinte anos mais tarde nos primeiros trabalhos da sociologia empírica americana. Por outro lado, ao buscar ampliar o número de objetos sociais detectáveis pela estatística e ao imaginar uma intensificação de seu uso até pensá-la como uma atividade cotidiana, Gabriel Tarde preparava o conteúdo de nossas sondagens de opinião. Enfim, ao confiar à estatística uma tarefa de revelação da identidade coletiva, ao ver nela, pelo menos, tanto uma instituição social que se realiza plenamente na publicidade – isto é, no retorno ao público da opinião do público – quanto um instrumento científico destinado aos sociólogos, ele contribuía para preparar o estatuto que estes possuem hoje, herdeiros nisso da grande tradição estatística.

Assim, como procuramos mostrar, a concepção tardeana da opinião e, como se dirá mais tarde, da opinião pública, contribuirá para a emergência de uma teoria moderna da opinião, ao dar de maneira sistemática a essa noção um conteúdo largamente sociológico. Se deixarmos de lado a metafísica tardeana, cuja discussão encontra-se aqui fora de nosso propósito, restam os parâmetros inte-

---

42. Cf. a discussão de Bernard Manin em *Opinion publique et démocratie*, P.U.F., *op. cit.*

INTRODUÇÃO

lectuais de uma nova ciência da opinião, isto é, de uma sociologia da opinião. Essa concepção contribuirá ao mesmo tempo para redefinir o estatuto do grande número e de seus modos de expressão. A opinião deixa o campo da razão pura e da crítica pelo da socialização. O objeto de estudo não é mais, em última instância, a opinião, mas sim a *opinião pública*, a opinião partilhada. Esta cessa de ser objeto da filosofia e transfere-se para a ciência social, do mesmo modo que abandona a individualidade pelo coletivo por um processo ao mesmo tempo epistemológico e social, em que a quantificação adquire um papel decisivo. É no prolongamento dos trabalhos de Gabriel Tarde que certos autores irão buscar e completar a reformulação de uma nova interpretação da opinião do grande número. Entre eles Jean Stoetzel, que organizou na França as primeiras sondagens de opinião (julho de 1938), antes de fundar o Instituto Francês de Opinião Pública (dezembro de 1938) e a revista *Sondages* (junho de 1939), e que reinvidicava explicitamente a posteridade tardeana[43].

DOMINIQUE REYNIÉ

---

43. Cf. sua tese, *Théorie des opinions*, publicada em 1943 (P.U.F.).

PREFÁCIO

A expressão *psicologia coletiva* ou *psicologia social* é seguidamente compreendida num sentido quimérico que convém desde logo descartar. Esse sentido consiste em conceder um *espírito coletivo*, uma *consciência social*, um *nós*, que existiria fora ou acima dos espíritos individuais. Não temos nenhuma necessidade, segundo nosso ponto de vista, dessa concepção misteriosa para traçar, entre a psicologia ordinária e a psicologia social – que preferiríamos chamar de interespiritual –, uma distinção muito nítida. Com efeito, enquanto a primeira se prende às relações do espírito com a universalidade dos outros seres exteriores, a segunda estuda, ou deve estudar, as relações mútuas dos espíritos, suas influências unilaterais e recíprocas – unilaterais em primeiro lugar, recíprocas depois. Há, portanto, entre as duas, a diferença entre gênero e espécie; mas a espécie aqui é de uma natureza tão singular e tão importante que quer ser separada do gênero e tratada por métodos que lhe sejam próprios.

Os diversos estudos que se vão ler são fragmentos de psicologia coletiva assim entendida. Um vínculo estreito os une. Pareceu necessário reeditar aqui, para colocá-lo em seu verdadeiro lugar, o estudo sobre as *multidões*, que figura como apêndice no final do volume[1]. De fato o *público*, objeto especial do estudo principal, é uma multidão dispersa, em que a influência dos espíritos uns sobre os outros tornou-se uma ação a distância, a distâncias cada vez maiores. Enfim, a *opinião*, resultante de todas essas ações a distância ou em contato, está para as multidões e para os públicos assim como o pensamento está para o corpo, de certo modo. E se, entre as ações de que resulta, buscarmos qual a mais geral e mais constante, veremos sem dificuldade que é esta relação social elementar, a *conversação*, inteiramente negligenciada pelos sociólogos.

Uma história completa da conversação em todos os povos e em todas as épocas seria um documento de ciência social do mais alto interesse; e, apesar das dificuldades de tal assunto, não é de duvidar que, se a colaboração de numerosos pesquisadores viesse a superá-las, resultaria da aproximação dos fatos assim recolhidos nas raças mais distintas um número considerável de ideias gerais capazes de fazer da *conversação comparada* uma verdadeira ciência, não muito distante da religião comparada ou da arte comparada – ou mesmo da indústria comparada, o que é uma outra designação da Economia política.

Mas, evidentemente, não pude pretender, em algumas páginas, traçar o perfil de uma ciência assim. Na falta de informações suficientes para até mesmo esboçá-la, só pude indicar seu futuro lugar, e ficaria contente se,

---

1. Publicado na *Revue de Deux Mondes*, em dezembro de 1893, posteriormente em *Mélanges sociologiques* (Storck et Masson, 1895). Os outros estudos apareceram em 1898 e 1899 na *Revue de Paris*.

PREFÁCIO

tendo conseguido fazer sua ausência lamentável, eu sugerisse a algum jovem trabalhador o desejo de preencher essa grande lacuna.

GABRIEL TARDE
Maio de 1901.

CAPÍTULO I
O PÚBLICO E A MULTIDÃO

A multidão não apenas é atraente e seduz irresistivelmente seu espectador, mas seu nome exerce um prestigioso encanto sobre o leitor contemporâneo, e certos escritores são facilmente levados a designar por essa palavra ambígua todos os tipos de agrupamentos humanos. Convém fazer cessar essa confusão e, em particular, não confundir com a multidão o *público*, vocábulo igualmente suscetível de acepções diversas, mas que vou tratar de especificar. Diz-se: o público de um teatro, o público de uma assembleia qualquer; aqui, público significa multidão. Mas esse significado não é o único nem o principal, enquanto sua importância decresce ou permanece estacionária, a idade moderna, desde a invenção da imprensa, fez surgir uma espécie de público bem diferente, que não cessa de crescer e cuja expansão indefinida é um dos traços mais marcantes de nossa época. Fez-se a psicologia das multidões; resta fazer a psicologia do público, entendido nesse segundo sentido, isto é, como uma coletividade puramente espiritual, como uma disseminação de indivíduos fisicamente separados e cuja coesão é inteiramente mental. De onde procede o público, como ele nasce, como se desenvolve; suas variedades; suas relações com seus dirigentes; suas relações com a multidão, com as corporações, com os Estados; sua força para o bem ou para o mal e suas maneiras de sentir ou de agir: eis o que nos propomos pesquisar neste estudo.

Nas sociedades animais mais inferiores, a associação consiste sobretudo num agregado material. À medida que se sobe na árvore da vida, a relação social torna-se mais espiritual. Mas se os indivíduos se afastam a ponto de não mais se verem ou de permanecerem afastados além de um certo tempo muito curto, eles cessam de estar associados. Ora, a multidão, nesse aspecto, apresenta algo de animal. Não é ela um feixe de contágios psíquicos essencialmente produzidos por contatos físicos? Mas nem todas as comunicações de espírito a espírito, de alma a alma, têm por condição necessária a aproximação dos corpos. Cada vez menos essa condição é preenchida quando se desenham em nossas sociedades civilizadas *correntes de opinião*. Não é em reuniões de homens nas ruas ou na praça pública que têm origem e se desenvolvem esses rios sociais[1], esses grandes arrebatamentos que hoje tomam de assalto os corações mais firmes, as razões mais resistentes e fazem os parlamentos ou os governos lhes consagrarem leis ou decretos. Coisa estranha, os homens que assim se empolgam, que se sugestionam mutuamente, ou melhor, que transmitem uns aos outros a sugestão vinda de cima, esses homens não

---

1. Notemos que essas comparações *hidráulicas* vêm naturalmente ao espírito toda vez que nos referimos a multidões, ou a públicos. Nisso eles se assemelham. Uma multidão em marcha, uma noite de festa pública circulam com uma lentidão e redemoinhos numerosos que lembram a ideia de um rio sem leito preciso. Pois nada é menos comparável a um organismo que uma multidão, a não ser um público. Eles são, muito mais, cursos d'água de regime mal definido.

se tocam, não se veem nem se ouvem: estão sentados cada um em sua casa, lendo o mesmo jornal e dispersos num vasto território. Qual é, pois, o vínculo que existe entre eles? Esse vínculo é, juntamente com a simultaneidade de sua convicção ou de sua paixão, a consciência que cada um deles possui de que essa ideia ou essa vontade é partilhada no mesmo momento por um grande número de outros homens. Basta que ele saiba disso, mesmo sem ver esses homens, para que seja influenciado por estes tomados em massa, e não apenas pelo jornalista, inspirador comum, ele próprio invisível, desconhecido e, por isso mesmo, ainda mais fascinante. O leitor, em geral, não tem consciência de sofrer essa influência persuasiva quase irresistível do jornal que lê habitualmente. Já o jornalista teria ao menos consciência de sua complacência para com seu público, cuja natureza e cujos gostos não esquece jamais. O leitor tem menos consciência ainda: não suspeita em absoluto da influência exercida sobre ele pela massa dos outros leitores. Mas essa influência é incontestável. Ela se exerce, ao mesmo tempo, sobre sua curiosidade, que se torna ainda mais viva se ele a sabe ou a crê partilhada por um público mais numeroso ou mais seleto, e sobre seu juízo, que busca conciliar-se com o da maioria ou da elite, conforme o caso. Abro um jornal que julgo ser do dia e nele leio com avidez certas notícias; depois me dou conta de que data de um mês, ou da véspera, e ele deixa de me interessar imediatamente. De onde provém esse desgosto súbito? Os fatos relatados por acaso perderam seu interesse intrínseco? Não, mas dizemo-nos que somos os únicos a lê-los, e isso basta. Tal fato prova, pois, que nossa viva curiosidade prendia-se à ilusão inconsciente de que nosso sentimento nos era comum a um grande número de espíritos. Ocorre com um jornal da véspera ou da antevéspera, comparado ao do dia, o mesmo que com um discurso lido em casa comparado a um discurso ouvido em meio a uma imensa multidão.

Quando sofremos sem perceber esse invisível contágio do público de que fazemos parte, somos levados a explicá-lo pelo simples prestígio da *atualidade*. Se o jornal do dia nos interessa a esse ponto, é que ele nos relata fatos atuais, e seria a proximidade desses fatos, não a simultaneidade de seu conhecimento por nós e por outrem, que nos apaixonaria por seu relato. Mas analisemos bem essa *sensação da atualidade*, que é tão estranha e cuja paixão crescente é uma das características mais nítidas da vida civilizada. O que é reputado "atualidade" é apenas o que acaba de acontecer? Não, é tudo o que inspira atualmente um interesse geral, mesmo que se trate de um fato antigo. Foi "atualidade", nesses últimos anos, tudo o que concerne a Napoleão; é atualidade tudo o que está na moda. E não é "atualidade" o que é recente mas negligenciado atualmente pela atenção da opinião pública, orientada noutra direção. Durante todo o caso Dreyfus, ocorriam na África ou na Ásia fatos capazes de nos interessar muito, mas foi dito que eles não tinham nada de atual. Em suma, a paixão pela atualidade progride com a sociabilidade, da qual ela não é mais que uma das manifestações mais impressionantes. E como é próprio da imprensa periódica, da imprensa cotidiana sobretudo, só tratar dos assuntos de atualidade, não devemos nos surpreender com ver formar-se e estreitar-se entre os leitores habituais de um mesmo jornal uma espécie de associação pouquíssimo notada e das mais importantes.

Evidentemente, para que essa *sugestão a distância* dos indivíduos que compõem um mesmo público torne-se possível, é preciso que eles tenham praticado por muito tempo, pelo hábito da vida social intensa, da vida urba-

O PÚBLICO E A MULTIDÃO

na, a sugestão por proximidade. Começamos, crianças, adolescentes, por sentir vivamente a *ação dos olhares de outrem*, que se exprime sem sabermos em nossa atitude, em nossos gestos, no curso modificado de nossas ideias, na perturbação ou na superexcitação de nossas palavras, em nossos juízos, em nossos atos. E é somente após termos, durante anos, suportado e feito suportar essa ação impressionante do olhar, que nos tornamos capazes de ser impressionados inclusive pelo *pensamento do olhar de outrem*, pela ideia de que somos objeto da atenção de pessoas distantes de nós. Do mesmo modo, é após termos conhecido e praticado por muito tempo o poder sugestivo de uma voz dogmática e autoritária, ouvida de perto, que a leitura de uma afirmação enérgica basta para nos convencer e que mesmo o simples conhecimento da adesão de um grande número de nossos semelhantes a esse julgamento nos dispõe a julgar no mesmo sentido. A formação de um público supõe, portanto, uma evolução mental e social bem mais avançada do que a formação de uma multidão. A sugestibilidade puramente ideal, o contágio sem contato que esse agrupamento puramente abstrato, porém tão real, supõe, essa multidão espiritualizada, elevada por assim dizer ao segundo grau, só pôde surgir após muitos séculos de vida social mais grosseira, mais elementar.

Não há palavra, nem em latim nem em grego, que corresponda ao que entendemos por *público*. Há as que servem para designar o povo, a assembleia dos cidadãos armados ou não armados, o corpo eleitoral, todas as variedades de multidões. Mas qual o escritor da Antiguidade que pensou em falar de seu público? Nenhum deles jamais conheceu senão seu *auditório*, naquelas salas alugadas para leituras públicas em que os poetas contemporâneos de Plínio, o Jovem, reuniam uma pequena multidão simpática. Quanto aos leitores esparsos de manuscritos copiados a mão, com tiragem de algumas dezenas de exemplares, eles não tinham consciência de formar um agregado social, como no presente os leitores de um mesmo jornal ou, às vezes, de um mesmo romance em moda. Havia um público na Idade Média? Não, mas havia feiras, peregrinações de multidões tumultuosas dominadas por emoções piedosas ou belicosas, cóleras ou pânicos. O público só pôde começar a nascer após o primeiro grande desenvolvimento da invenção da imprensa, no século XVI. O transporte da força a distância não é nada, comparado a esse transporte do pensamento a distância. O pensamento não é a força social por excelência? Pensamos nas *ideias-força* de Fouillé. Viu-se então, novidade profunda e de incalculável efeito, a leitura cotidiana e simultânea de um mesmo livro, a Bíblia, editado pela primeira vez em milhões de exemplares, dar à massa uniforme de seus leitores a sensação de formar um corpo social novo, separado da Igreja. Mas esse público nascente não era ainda, ele próprio, senão uma Igreja à parte, com a qual se apresentava confundido, e a fraqueza do protestantismo foi ter sido ao mesmo tempo um público e uma Igreja, dois agregados regidos por princípios diferentes e de natureza inconciliável. O público como tal só se destacou um pouco mais claramente sob o reinado de Luís XIV. Mas, nessa época, se havia multidões tão torrenciais quanto hoje e tão consideráveis nos coroamentos de príncipes, nas grandes festas, nas insurreições provocadas por fomes periódicas, o público não se compunha muito mais do que de uma pequena elite de "homens de bem" que liam sua gazeta mensal, que liam sobretudo livros, um pequeno número de livros escritos para um pequeno número de leitores. Além disso, esses leitores estavam em sua maior parte reunidos em Paris, ou mesmo na corte.

No século XVIII, esse público cresce rapidamente e se fragmenta. Não creio que antes de Bayle tenha existido um público filosófico distinto do grande público literário ou que dele começasse a se destacar. Pois não chamo de público um grupo de sábios, unidos, é verdade, apesar de sua dispersão em diversas províncias ou diversos Estados, pela preocupação com pesquisas semelhantes e a leitura dos mesmos escritos, mas tão pouco numerosos que todos mantêm entre si relações epistolares e retiram dessas relações pessoais o principal alimento de sua comunhão científica. Um público especial só se delineia a partir do momento, difícil de precisar, em que os homens dedicados aos mesmos estudos foram em número demasiado grande para poderem se conhecer pessoalmente, percebendo que os vínculos de uma certa solidariedade entre eles só se estabeleciam por comunicações impessoais de uma frequência e de uma regularidade suficientes. Na segunda metade do século XVIII, nasce, cresce um público político, que em seus transbordamentos irá em breve absorver, como um rio, seus afluentes, todos os outros públicos, literário, filosófico, científico. No entanto, até a Revolução, a vida de público tem pouca intensidade por si mesma e só adquire importância pela vida de multidão, à qual ainda está ligada, através da animação extrema dos salões e dos cafés.

Da Revolução data o verdadeiro advento do jornalismo e, por conseguinte, do público, de que ela foi a febre de crescimento. Não que a Revolução também não tenha suscitado multidões, mas nisso não há nada que a distinga das guerras civis do passado, nos séculos XIV, XVI, inclusive durante a Fronda. As multidões da Fronda, as multidões da Liga, as multidões lideradas por Caboche no século XV não eram menos temíveis nem, talvez, menos numerosas que as de 14 de julho de 1789 e 10 de agosto de 1792. Pois uma multidão não poderia aumentar além de um certo grau, estabelecido pelos limites da voz e do olhar, sem logo fracionar-se ou sem tornar-se incapaz de uma ação de conjunto, sempre a mesma, aliás: barricadas, pilhagens de palácios, massacres, demolições, incêndios. Nada mais monótono do que essas manifestações seculares da atividade da multidão. Contudo, o que caracteriza 1789, o que o passado jamais havia visto, é esse pulular de jornais, avidamente devorados, que eclodem na época. Se muitos deles abortaram, alguns oferecem o espetáculo de uma difusão inusitada. Cada um destes grandes e odiosos publicistas[2] – Marat, Desmoulins, Duchesne – tinha *seu* público, e podemos considerar as multidões incendiárias, saqueadoras, assassinas, canibais, que assolaram então a França de norte a sul, de leste a oeste, como excrescências, erupções malignas desses públicos, nas quais seus malévolos escanções – levados em triunfo ao Panteão após sua morte – instilavam diariamente o álcool venenoso das palavras vazias e violentas. Não que as sublevações fossem compostas exclusivamente de leitores de jornais, mesmo em Paris, com mais forte razão na província e nos campos; mas estes eram sempre o fermento, quando não a massa. Também os clubes, as reuniões de café, que desempenharam um papel tão importante no período revolucionário, originaram-se do público, ao passo que, antes da

---

2. "Publicista", diz Littré, "só aparece no Dicionário da Academia a partir de 1762", mesmo assim só figura aí, explica – como ainda hoje na maior parte dos dicionários –, com a acepção de autor que escreve sobre direito público. O sentido da palavra, no uso corrente, só se ampliou durante o século XIX, enquanto o de *público*, em virtude da mesma causa, ia-se restringindo, pelo menos tal como eu o emprego.

Revolução, o público era mais efeito que causa das reuniões de cafés e de salões.

Todavia o público revolucionário era sobretudo parisiense; fora de Paris, sua irradiação era pequena. Arthur Young, em sua famosa viagem, ficou impressionado em ver as folhas públicas tão pouco difundidas nas próprias cidades. É verdade que a observação se aplica ao começo da Revolução; um pouco mais tarde, ela perderia muito de sua exatidão. Até o final, no entanto, a ausência de comunicações rápidas opõs um obstáculo insuperável à intensidade e à ampla propagação da vida do público. De que maneira jornais, que só chegam duas ou três vezes por semana e oito dias após seu aparecimento em Paris, poderiam dar aos leitores do Sul da França a sensação de atualidade e a consciência de unanimidade simultânea, sem as quais a leitura de um jornal não difere essencialmente da de um livro? Estava reservado ao século XIX, por seus meios de locomoção aperfeiçoada e de transmissão instantânea do pensamento a qualquer distância, oferecer aos públicos, a todos os públicos, a extensão indefinida de que são capazes e que estabelece entre eles e as multidões um contraste tão marcante. A multidão é o grupo social do passado; depois da família, é o mais antigo de todos os grupos sociais. Ela é incapaz, sob todas as suas formas, de pé ou sentada, imóvel ou em marcha, de estender-se além de um pequeno raio; quando seus líderes cessam de tê-la *in manu*, quando ela deixa de ouvir a voz deles, a multidão desaparece. A mais vasta audiência que se viu foi a do Coliseu; mesmo assim não excedia cem mil pessoas. As audiências de Péricles ou de Cícero, e mesmo a dos grandes pregadores da Idade Média, um Pedro, o Eremita, ou um São Bernardo, eram certamente bem inferiores. Assim se compreende que o poder da eloquência, seja política, seja religiosa, não tenha progredido sensivelmente na Antiguidade ou na Idade Média. Mas o público é indefinidamente extensível, e como sua vida particular torna-se mais intensa, à medida que ele se estende, é impossível negar que ele seja o grupo social do futuro. Formou-se assim, por um feixe de três invenções mutuamente auxiliares – tipografia, estrada de ferro, telégrafo –, o formidável poder da imprensa, esse prodigioso telefone que ampliou desmesuradamente a antiga audiência dos tribunos e dos pregadores. Não posso portanto conceder a um vigoroso escritor, o Dr. Le Bon, que nosso tempo seja "a era das multidões". Ele é a era do público ou dos públicos, o que é bem diferente.

Até certo ponto, um público confunde-se com o que chamamos um *mundo*, "o mundo literário", o "mundo político" etc., com a diferença de que essa última ideia implica, entre as pessoas que fazem parte do mesmo mundo, um contato pessoal, troca de visitas, recepções, o que não pode existir entre os membros de um mesmo público. Mas da multidão ao público a distância é imensa, como já se percebe, embora o público proceda em parte de uma espécie de multidão, da audiência dos oradores.

Entre os dois, há muitas outras diferenças instrutivas que ainda não indiquei. Pode-se pertencer ao mesmo tempo, e de fato sempre se pertence simultaneamente, a vários públicos como a várias corporações ou seitas; mas só se pode pertencer a uma única multidão de cada vez. Daí a intolerância bem maior para com as multidões e, por conseguinte, para com as nações onde domina o espírito das multidões, porque nelas o indivíduo é tomado por inteiro, irresistivelmente arrastado por uma força sem contrapeso. E daí também a vantagem associada à substituição gradual das multidões pelos públicos, transformação que é sempre acompanhada de um progresso na tolerância, quando não no ceticismo. É verdade que de um público superexcitado, como acontece com frequência, irrompem às vezes multidões fanáticas que percorrem as ruas gritando *viva* ou *morte* a qualquer coisa. Nesse sentido o público poderia ser definido como uma multidão virtual. Mas essa recaída do público na multidão, embora perigosa ao mais alto grau, é afinal bastante rara; e, sem examinarmos se essas multidões nascidas de um público não seriam, apesar de tudo, um pouco menos brutais que as multidões anteriores a todo público, fica evidente que a oposição de dois públicos, sempre prontos a se fundirem em suas fronteiras indecisas, é um perigo bem menor para a paz social do que o encontro de duas multidões opostas. A multidão, agrupamento mais natural, está mais submetida às forças da natureza; depende da chuva ou do bom tempo, do calor ou do frio; ela é mais frequente no verão do que no inverno. Um raio de sol a reúne, uma tempestade a dissipa. Bailly, quando era prefeito de Paris, bendizia os dias de chuva *e* afligia-se ao ver limpar-se o céu. Mas o público, agrupamento de uma ordem superior, não se submete a tais variações *e* caprichos do meio físico, da estação ou mesmo do clima. Não apenas o nascimento e o crescimento, mas as próprias superexcitações do público, doenças sociais surgidas neste século *e* de uma gravidade sempre crescente, escapam a essas influências.

Foi em pleno inverno que a Europa inteira foi castigada pela crise mais aguda do gênero, em nosso conhecimento, a do caso Dreyfus. Foi ela mais apaixonada no Sul do que no Norte, a exemplo das multidões? Não, foi sobretudo na Bélgica, na Prússia, na Rússia que ela agitou os espíritos. Enfim, a marca da raça é bem menos profunda sobre o público do que sobre a multidão. E não poderia ser de outro modo, em virtude da consideração seguinte.

Por que, de fato, um *meeting* inglês difere tão profundamente de um clube francês, um massacre de setembro* de um linchamento americano, uma festa italiana de um coroamento do czar, em que duzentos mil mujiques reunidos não se comovem com a catástrofe que faz perecer trinta mil deles? Por que, conforme a nacionalidade de uma multidão, um bom observador é capaz de predizer, quase com segurança, como ela agirá – com muito mais segurança do que prediria a maneira de agir de cada um dos indivíduos que a compõem –, e por que, apesar das enormes transformações ocorridas nos costumes e nas ideias da França e da Inglaterra nos últimos três ou quatro séculos, as multidões francesas de nosso tempo, boulangistas** ou antissemitas, lembram por tantos traços comuns as multidões da Liga ou da Fronda, como as multidões inglesas de hoje as do tempo de Cromwell? A razão é que, na composição de uma multidão, os indivíduos só entram por suas similitudes étnicas, que se adicionam e se reforçam, e não por suas diferenças próprias, que se neutralizam, e também que, no movimento de uma multidão, os ângulos da individualidade se atenuam mutuamente em proveito do tipo nacional que sobressai. Isso acontece apesar da ação individual do líder ou dos líderes que sempre se faz sentir, mas que é sempre contrabalançada pela ação recíproca de seus comandados.

Ora, a influência que o publicista exerce sobre seu público, embora muito menos intensa num instante dado,

---

* Referência aos massacres de setembro de 1792, durante a Revolução Francesa. (N. do T.)

** Favoráveis às ideias ultranacionalistas do general Georges Boulanger (1837-1891). (N. do T.)

é bem mais poderosa, por sua continuidade, que o impulso breve e passageiro transmitido à multidão por seu condutor; além disso ela é secundada, jamais combatida, pela influência bem menor que os membros de um mesmo público exercem uns sobre os outros, graças à consciência da identidade simultânea de suas ideias ou de suas tendências, de suas convicções ou de suas paixões, cotidianamente atiçadas pelo mesmo fole de forja.

Pôde-se contestar, erradamente, mas não sem uma ilusória aparência de razão, que toda multidão tenha um líder; de fato é ela, com frequência, que conduz seu líder e, às vezes, seu criador. O que Sainte-Beuve diz do gênio, que "o gênio é um rei que cria seu povo", é verdadeiro sobretudo em relação ao grande jornalista. Quantos publicistas vemos criarem seu público![3] Na verdade, para que Édouard Drumont suscitasse o antissemitismo, foi preciso que sua tentativa de agitação correspondesse a um certo estado de espírito disseminado na população; mas, enquanto uma voz não se elevasse, retumbante, dando uma expressão comum a esse estado de espírito, ele permanecia puramente individual, pouco intenso, ainda não contagioso, inconsciente de si próprio. Aquele que o exprimiu o criou como força coletiva, factícia talvez, não obstante real. Sei de regiões francesas onde jamais se viu um único judeu, o que não impede o antissemitismo de florescer ali, porque se leem os jornais antissemitas. O estado de espírito socialista e o estado de espírito anarquista tampouco eram alguma coisa antes

---

3. Poder-se-á dizer que, se cada grande publicista faz seu público, cada público um pouco numeroso faz seu publicista? Essa última proposição é bem menos verdadeira que a primeira. Vemos grupos muito numerosos que, por longos anos, não conseguem fazer surgir o escritor adaptado à sua verdadeira orientação. Tal é o caso do mundo católico no presente.

que alguns publicistas famosos, Karl Marx, Kropotkin e outros, os exprimissem e pusessem em circulação com sua efígie. Compreende-se facilmente, depois disso, que a marca individual do gênio de seu promotor seja mais evidente sobre um público do que o gênio da nacionalidade, e que o inverso seja verdadeiro em relação à multidão. Compreende-se também, do mesmo modo, que o público de um mesmo país, em cada um de seus ramos principais, apareça transformado em pouquíssimos anos quando seus condutores se renovam – fazendo com que, por exemplo, o público socialista francês do presente em nada se assemelhe àquele do tempo de Proudhon –, ao passo que as multidões francesas de todo gênero conservam sua mesma fisionomia reconhecível através dos séculos.

Objetar-se-á talvez que o leitor de um jornal dispõe bem mais de sua liberdade de espírito do que o indivíduo perdido e arrastado numa multidão. Ele pode refletir em silêncio sobre o que lê e, apesar de sua passividade habitual, poderá mudar de jornal, até encontrar o que lhe convém, ou que ele julga lhe convir. De outro lado, o jornalista procura agradá-lo e retê-lo. A estatística das assinaturas e das suspensões de assinaturas é um excelente termômetro, consultado com frequência, que adverte os redatores sobre a linha de conduta e de pensamento a seguir. Uma indicação dessa natureza motivou, num caso famoso, a súbita mudança de ideias de um grande jornal, e essa reviravolta não é excepcional. O público, portanto, reage às vezes sobre o jornalista, mas este age continuamente sobre seu público. Após alguns tenteios, o leitor escolheu seu jornal, o jornal selecionou seus leitores, houve uma seleção mútua, portanto uma adaptação mútua. Um submeteu-se a um jornal de sua conveniência, que adula seus preconceitos ou suas paixões, o outro a um leitor de seu agrado, dócil e crédulo, capaz de ser dirigido facilmente mediante algumas concessões a suas ideias análogas às precauções oratórias dos antigos oradores. E de se temer o homem de um único livro, disseram; mas o que é ele comparado ao homem de um único jornal? E esse homem, no fundo, é cada um de nós, ou pouco quase. Eis o perigo dos novos tempos. Longe de impedir, portanto, que a ação do publicista seja finalmente decisiva sobre seu público, a dupla seleção, a dupla adaptação que faz do público um grupo homogêneo, bem conhecido do escritor e facilmente manejável permite-lhe agir com mais força e segurança. A multidão, em geral, é muito menos homogênea que o público: não faltam curiosos para fazê-la crescer, semiadeptos que não tardam a ser momentaneamente ganhos e assimilados, mas que não deixam de tornar penosa uma direção comum desses elementos incoerentes.

Poderão contestar essa homogeneidade relativa, pretextando que "não lemos jamais o mesmo livro", assim como "jamais nos banhamos no mesmo rio". No entanto, além de esse antigo paradoxo ser bastante discutível, será também verdade afirmar que não lemos jamais o mesmo jornal? Pensarão talvez que, sendo o jornal mais variegado que o livro, o adágio citado é ainda mais aplicável àquele do que a este. Na verdade, porém, todo jornal tem seu *gancho*, e esse gancho, cada vez mais em destaque, fixa a atenção da totalidade dos leitores, hipnotizados por esse ponto brilhante. No fundo, apesar da miscelânea de artigos, cada folha tem sua cor própria, sua especialidade, seja pornográfica, seja difamatória, seja política ou outra qualquer, à qual o restante é sacrificado e sobre a qual o público se lança avidamente. Pegando-o por meio dessa isca, o jornalista o leva aonde quiser.

Outra consideração. O público, afinal de contas, não é mais que uma espécie de *clientela* comercial, mas uma espécie muito singular e que tende a eclipsar o gênero. Ora, o simples fato de comprar os mesmos produtos em lojas da mesma ordem, de vestir-se na mesma costureira ou no mesmo alfaiate, de frequentar o mesmo restaurante, estabelece entre as pessoas de um mesmo mundo certo vínculo social e supõe entre elas afinidades que esse vínculo estreita e acentua. Cada um de nós, ao comprar o que corresponde às nossas necessidades, tem mais ou menos vagamente consciência de exprimir e desenvolver desse modo sua união com a classe social que se alimenta, se veste, se satisfaz em tudo de uma maneira aproximadamente análoga. Assim, o fato econômico, o único percebido pelos economistas, envolve uma relação simpática que mereceria também chamar sua atenção. Eles só consideram os compradores de um produto, de um serviço, como rivais que disputam o objeto de seu desejo; mas trata-se também e sobretudo de congêneres, de semelhantes que procuram fortalecer sua similitude e distinguir-se daquilo que não é eles. Seu desejo nutre-se do desejo de outrem e, em sua própria emulação, há uma secreta simpatia que procura se desenvolver. Mas quão mais íntimo e mais profundo ainda é o vínculo que se estabelece, pela leitura habitual de um mesmo jornal, entre seus leitores! Aqui, ninguém pensaria em falar de concorrência, há apenas uma comunhão de ideias sugeridas e a consciência dessa comunhão – mas não dessa sugestão, que no entanto é manifesta.

Do mesmo modo que há, para todo fornecedor, dois tipos de clientela, uma clientela fixa e uma clientela flutuante, também há dois tipos de público para os jornais ou as revistas: um público estável, consolidado, e um público instável, flutuante. A proporção desses dois públicos é muito desigual de um periódico a outro; para os velhos periódicos, órgãos dos velhos partidos, o segundo tipo não conta ou conta muito pouco, e concordo que aqui a ação do publicista é particularmente entravada pela intolerância da casa onde trabalha e da qual uma dissidência manifesta o expulsaria. Em compensação, ela é muito duradoura e penetrante quando consegue se exercer aí. Notemos, de resto, que os públicos fiéis e tradicionalmente ligados a um jornal tendem a desaparecer, substituídos cada vez mais por públicos mais móveis, sobre os quais a influência do jornalista de talento é bem mais fácil, senão mais sólida. Pode-se lamentar, com razão, essa evolução do jornalismo, pois os públicos firmes fazem os publicistas honestos e convictos, assim como os públicos caprichosos fazem os publicistas levianos, versáteis, inquietantes; mas parece que tal tendência é hoje irresistível, dificilmente reversível, e percebem-se as perspectivas de poder social crescente que ela abre aos escritores. Pode ser que venha a submeter cada vez mais os publicistas medíocres aos caprichos de seu público, mas seguramente submete cada vez mais seu público subjugado ao despotismo dos grandes publicistas. Estes, bem mais que os homens de Estado, mesmo superiores, fazem a opinião e conduzem o mundo. E, quando se impõem, que trono sólido é o deles! Compare-se ao desgaste tão rápido dos homens políticos, mesmo dos mais populares, o reinado prolongado e indestrutível dos jornalistas de grande talento, que lembra a longevidade de um Luís XIV ou o sucesso indefinido dos ilustres atores de comédias e tragédias. Não existe velhice para esses autocratas.

Eis por que é tão difícil fazer uma boa lei sobre a imprensa. É como se houvessem querido regulamentar a soberania do Grande Rei ou de Napoleão. Os delitos de imprensa, os próprios crimes de imprensa, são quase tão impuníveis como eram os delitos de tribuna na Antiguidade e os delitos de púlpito na Idade Média.

Se é verdade, como os aduladores das multidões têm o hábito de repetir, que o papel histórico das individualidades está destinado a diminuir cada vez mais e na medida da evolução democrática das sociedades, deveríamos ficar singularmente surpresos ao ver crescer dia a dia a importância dos publicistas. Não é negável, porém, que eles fazem a opinião nas circunstâncias críticas; e, quando dois ou três desses grandes chefes de clãs políticos ou literários resolvem aliar-se em prol de uma mesma causa, por pior que seja, ela está garantida de triunfar. Assim, coisa curiosa, o último dos agrupamentos sociais a se formar e o mais em via de desenvolver-se no curso de nossa civilização democrática, ou seja, o agrupamento social em públicos, é aquele que oferece aos caracteres individuais marcantes as maiores facilidades de se impor e às opiniões individuais originais as maiores facilidades de se expandir.

Ora, basta abrir os olhos para perceber que a divisão de uma sociedade em públicos, divisão inteiramente psicológica e que corresponde a diferenças de estados de espírito, tende, não certamente a substituir, mas a se superpor cada vez mais visível e eficazmente à sua divisão religiosa, econômica, estética, política, em corporações, seitas, ofícios, escolas ou partidos. Não são apenas essas variedades das multidões de outrora, as audiências dos tribunos ou dos pregadores, que são dominadas ou aumentadas pelos públicos que lhes correspondem, público parlamentar ou público religioso; também não há uma seita que não queira ter seu jornal próprio para cercar-se de um público que se irradie bem além dela, espécie de atmosfera ambiental em que será banhada, de consciência coletiva na qual será iluminada. E por certo não se poderá dizer, dessa consciência, que ela seja um simples *epifenômeno*, em si mesmo ineficaz e inativo. Tampouco há profissão, pequena ou grande, que não queira ter seu jornal ou sua revista, como na Idade Média cada corporação tinha seu capelão, seu pregador habitual, ou como, na Antiguidade grega, cada classe tinha seu orador titular. O primeiro cuidado de uma nova escola literária ou artística que se funda não é ter também seu jornal? Julgar-se-ia ela completa sem isso? Há um partido ou fragmento de partido que não se apresse a exprimir-se ruidosamente em alguma publicação periódica, cotidiana, pela qual espera expandir-se, pela qual seguramente se fortalece, até chegar a hora de modificar-se, fundir-se ou fracionar-se? Um partido sem jornal não nos dá a impressão de um monstro acéfalo, muito embora todos os partidos da Antiguidade, da Idade Média, inclusive da Europa moderna até a Revolução Francesa, tenham apresentado normalmente essa suposta monstruosidade?

Essa transformação de todos os grupos em públicos exprime-se por uma necessidade crescente de sociabilidade que torna imperiosa a comunicação regular dos associados através de uma corrente contínua de informações e de excitações comuns. Ela é portanto inevitável. E convém saber que consequências tem ou terá, segundo todas as probabilidades, sobre os destinos dos grupos assim transformados, do ponto de vista de sua duração, de sua solidez, de sua força, de suas lutas ou de suas alianças.

Como duração e como solidez, é certo que os agrupamentos antigos nada têm a ganhar com a mudança em questão. A imprensa mobiliza tudo o que ela toca e vivifica, e não há aparentemente igreja tão imutável que, a partir do momento em que se submete à moda da publicação sem interrupção, não dê sinais visíveis de mutações interiores impossíveis de dissimular. Para nos convencermos dessa eficácia ao mesmo tempo dissolvente e regeneradora inerente ao jornal, basta comparar os partidos políticos de antes do jornalismo com os partidos políticos do presente. Não eram eles, outrora, menos ardentes e mais duradouros, menos agitados e mais tenazes, mais inextensíveis e infrangíveis, mais refratários às tentativas de renovação ou de esfacelamento? Da antítese secular, tão definida e persistente, entre *whigs* e *tories*, o que subsiste atualmente na Inglaterra? Nada era mais raro, na antiga França, que o surgimento de um novo partido; em nossa época, os partidos estão em remanejamento perpétuo, em palingenesia e geração espontânea. Assim, há cada vez menos inquietação ou temor com sua denominação, pois sabe-se bem que, se chegarem ao poder, só o farão transformados a fundo. Em breve, dos partidos hereditários e tradicionais de outrora não restará mais que a lembrança.

A força relativa dos antigos agregados sociais também é singularmente modificada pela intervenção da imprensa. Antes de mais nada, observemos que ela está longe de favorecer a preponderância das classificações profissionais. A imprensa profissional, aquela dedicada a interesses de ofício, judiciários, industriais, agrícolas, é a menos lida, a menos interessante, a menos atuante, salvo quando se trata de greve ou de política sob a aparência de trabalho. É a divisão social por grupos de ideias teóricas, de aspirações ideais, de sentimentos, que recebe da imprensa uma acentuação e uma preponderância visíveis. Os interesses só se exprimem por meio dela – e nisso está seu prestígio –, disfarçados ou sublimados em teorias ou em paixões; mesmo ao apaixoná-los, ela os espiritualiza e os idealiza; e, por mais perigosa que seja às vezes essa transfiguração, ela acaba sendo, afinal, benéfica. Ainda que as ideias e as paixões se enfureçam ao se chocarem, elas são sempre menos irreconciliáveis que os interesses.

Os partidos, religiosos ou políticos, são os grupos sociais sobre os quais o jornal tem mais influência e que põe em maior destaque. Mobilizados em público, os partidos se deformam, se reformam e se transformam com uma rapidez que teria pasmado nossos antepassados. E é preciso convir que sua mobilização e seu mútuo entrelaçamento são pouco compatíveis com o funcionamento regular do parlamentarismo à inglesa; o que é uma pequena infelicidade, mas força a modificar profundamente, em consequência, o regime parlamentar. Os partidos, hoje, ora se fundem ou desaparecem em poucos anos, ora se amplificam em proporções inéditas. Adquirem então uma força enorme, mas passageira. Passam a ter duas características que lhes eram desconhecidas: tornam-se suscetíveis de se interpenetrar e de se internacionalizar. Interpenetram-se facilmente porque, como dissemos mais acima, cada um de nós faz parte ou pode fazer parte de vários públicos ao mesmo tempo. Internacionalizam-se porque o verbo alado do jornal vence sem dificuldade as fronteiras jamais ultrapassadas, outrora, pela voz do orador mais célebre, do líder de um partido[4]. Foi a imprensa que emprestou à eloquência parlamentar ou clubista suas próprias asas e que a espalha pelo mundo inteiro. Se essa amplidão internacional dos partidos trans-

---

4. Alguns grandes jornais, o *Times*, o *Figaro*, algumas grandes revistas têm seu público espalhado pelo mundo inteiro. Os *públicos* religiosos, científicos, econômicos, estéticos são essencial e *constantemente* internacionais; as *multidões* religiosas, científicas, etc. só o são raramente na forma de congressos. E, mesmo assim, os congressos só puderam tornar-se internacionais porque foram precedidos nesse caminho por seus públicos respectivos.

formados em públicos torna sua hostilidade mais temível, sua mútua penetração e a indeterminação de seus limites facilitam suas alianças, mesmo imorais, e permitem esperar um tratado de paz final. Consequentemente, a transformação dos partidos em público parece ser mais contrária à sua duração do que a seu acordo, ao repouso que à paz, e a agitação social por ela produzida parece muito mais preparar o caminho à união social. Isso é tão verdadeiro que, apesar das divergências e da multiplicidade dos públicos que coexistem e se misturam numa sociedade, tais públicos parecem formar juntos um único e mesmo público, por seu acordo parcial em alguns pontos importantes; e é isso o que chamamos de *opinião*, cuja preponderância política não cessa de crescer. Em certos momentos críticos da vida dos povos, quando um perigo nacional se apresenta, essa fusão de que falo é impressionante e quase completa. Vemos então o grupo social por excelência, a nação, transformar-se como todos os outros num grande feixe de leitores febris, agarrados à leitura dos despachos noticiosos. Em tempos de guerra, classes, profissões, sindicatos, partidos, nada parece mais subsistir dos agrupamentos sociais na França, a não ser o exército e "o público francês".

De todos os agregados sociais, porém, o que está em relação mais próxima com os públicos é a multidão. Embora o público frequentemente não seja mais que uma audiência ampliada e dispersa, as diferenças entre a multidão e ele são múltiplas e características, conforme vimos; elas chegam inclusive a estabelecer uma espécie de relação inversa entre os progressos das multidões e os progressos dos públicos. Do público superexcitado, é verdade, nascem reuniões tumultuosas nas ruas; e, como um mesmo público pode estar espalhado por um vasto território, é possível que, em muitas cidades, ao mesmo tempo, multidões ruidosas deles surgidas se reúnam, gritem, pilhem, massacrem. Isso já foi visto[5]. Mas o que não se vê são todas as forças que se reuniriam se não houvesse públicos. Se, por hipótese, todos os jornais fossem suprimidos, e com eles seus públicos, será que a população não manifestaria uma tendência bem mais forte do que hoje de se agrupar em auditórios mais numerosos e mais densos em torno dos púlpitos de professores e mesmo de pregadores, lotando os lugares públicos, cafés, clubes, salões e salas de leitura, sem contar os teatros, e comportando-se por toda parte mais ruidosamente?

Não imaginamos todas as discussões de cafés, de salões, de clubes, das quais as polêmicas da imprensa nos preservam, antídoto relativamente inofensivo. A verdade é que o número de ouvintes, em geral, está diminuindo, ou pelo menos não tem aumentado nas reuniões públicas, e nossos oradores mais concorridos estão longe de pretender o sucesso de Abelardo, que arrastava atrás de si trinta mil alunos até o fundo do triste vale do Paracleto. Mesmo quando são tão numerosos, os ouvintes são menos atentos do que antes dos textos impressos, quando o efeito de uma desatenção era irreparável.

Nossa Universidade não tem mais a ideia da afluência e da atenção de outrora, em seus anfiteatros hoje desertos em três quartas partes. A maioria dos que antes estariam apaixonadamente curiosos por ouvir um dis-

---

5. Pode-se afirmar inclusive que se descreve cada público pela natureza da multidão que dele nasce. O público devoto é representado pelas peregrinações a Lourdes; o público mundano pelas corridas de cavalo em Longchamp, pelos bailes e festas; o público literário pelos auditórios de teatro, pelas recepções na Academia Francesa; o público industrial por suas greves; o público político por suas reuniões eleitorais, suas Câmaras de deputados; o público revolucionário por suas insurreições e barricadas...

curso pondera hoje: "Eu o lerei em meu jornal..." E é assim que, pouco a pouco, os públicos aumentam, enquanto as multidões diminuem e diminui mais rapidamente ainda sua importância.

Que resultou do tempo em que a eloquência sagrada de um apóstolo, de um Columbano, de um Patrício, convertia povos inteiros presos a seus lábios? As grandes conversões de massas, hoje, são os jornalistas que as realizam.

Assim, seja qual for a natureza dos grupos entre os quais se divide uma sociedade, tenham eles um caráter religioso, econômico, político ou mesmo nacional, o público é, de certo modo, seu estado final e, por assim dizer, sua denominação comum; é a esse grupo inteiramente psicológico, de estado de espírito em perpétua mutação que tudo se reduz. E é notável que o agregado profissional, baseado na mútua exploração e adaptação dos desejos e dos interesses, seja o mais atingido por essa transformação civilizadora. A despeito de todas as dessemelhanças que observamos, a multidão e o público, esses dois termos extremos da evolução social[6], têm em comum o fato de que o vínculo dos indivíduos diversos que os compõem consiste não em *harmonizarem-se* por suas próprias diversidades, por suas especialidades reciprocamente úteis, mas em se inter-refletirem, em se confundirem por suas similitudes inatas ou adquiridas num simples e poderoso *uníssono* – mas com quanto mais força no público que na multidão! –, numa comunhão de ideias e paixões que dá livre jogo, aliás, a suas diferenças individuais.

---

6. A família e a horda são os dois pontos de partida dessa evolução. Mas a horda, o bando grosseiro e saqueador, não é senão a multidão em marcha.

Após termos mostrado o nascimento e o crescimento do público, assinalado suas características próprias, semelhantes ou dessemelhantes das da multidão, e indicado suas relações genealógicas com os diferentes grupos sociais, tentemos esboçar uma classificação de suas variedades, comparadas às da multidão.

Podemos classificar os públicos, como as multidões, sob pontos de vista muito diversos. Com relação ao sexo, há públicos masculinos e femininos, como multidões masculinas e femininas. Mas os públicos femininos, compostos de leitoras de romances ou de poesias em voga, de jornais de moda, de revistas feministas etc., não se assemelham muito às multidões do mesmo sexo. Têm uma importância numérica bem diferente e uma natureza mais inofensiva. Não falo das audiências de mulheres nas igrejas; mas quando, porventura, se reúnem na rua, elas sempre assustam pelo grau extraordinário de sua exaltação e de sua ferocidade. Jannsen e Taine devem ser relidos a esse respeito. O primeiro nos fala da Hofmann, feiticeira e virago que, em 1529, conduzia bandos de camponeses e camponesas sublevados por pregações luteranas. "Ela pregava apenas incêndio, pilhagem e assassínio" e pronunciava sortilégios que, devendo tornar seus sequazes invulneráveis, os fanatizavam. O segundo nos descreve a conduta das mulheres, jovens e bonitas até, nas jornadas de 5 e 6 de outubro de 1789. Elas falam apenas em despedaçar, esquartejar a rainha, "comer-lhe o coração", fazer "condecorações com suas tripas"; só lhes ocorrem ideias de canibais, ideias que, parece, elas realizam mesmo. Quer isso dizer que as mulheres, apesar de sua aparente doçura, encobririam instintos selvagens, virtualidades homicidas reveladas por seus ajuntamentos? Não, é claro que nessas reuniões femininas se faz uma seleção de tudo o que há de mais descarado, de mais ousado, eu ia dizer de mais masculino, entre as mulheres. *Corruptio optimi pessima* [A corrupção dos melhores é a pior]. Por certo não é preciso tanto descaramento nem perversidade para ler um jornal, mesmo violento e perverso, e daí, sem dúvida, a melhor composição dos públicos de mulheres, em geral de natureza mais estética do que política.

Com relação à idade, as multidões juvenis – passeatas ou distúrbios de estudantes, de rapazes de Paris – têm bem mais importância que os públicos juvenis, os quais, mesmo no caso dos públicos literários, jamais exerceram influência séria. Em contrapartida, os públicos senis conduzem o mundo dos negócios no qual as multidões senis não têm participação alguma. Através dessa *gerontocracia* despercebida, estabelece-se um contrapeso salutar à *efebocracia* das multidões eleitorais em que predomina o elemento jovem que ainda não teve tempo de se desgostar do direito de sufrágio... As multidões senis são aliás extremamente raras. Poderíamos citar alguns concílios tumultuosos de velhos bispos na primitiva Igreja, ou algumas sessões agitadas de Senados antigos e modernos, como exemplo dos excessos a que podem ser levados os velhos e da juvenilidade coletiva que às vezes demonstram ao se reunirem. Parece que a tendência a ajuntar-se vai num crescendo da infância à plena juventude, depois num decrescendo dessa idade à velhice. O mesmo não ocorre com a tendência a agregar-se em corporação, que surge apenas no início da juventude *e* vai num crescendo até a maturidade *e* a própria velhice.

Podem-se distinguir as multidões conforme a situação do tempo, a estação, a latitude. Dissemos por que essa distinção é inaplicável aos públicos. A ação dos agentes físicos sobre a formação *e* o desenvolvimento de um público é praticamente nula, ao passo que é soberana sobre o nascimento *e* a conduta das multidões. O sol é um dos grandes tônicos das multidões; as multidões de verão são bem mais febris que as de inverno. Talvez, se Carlos X tivesse esperado dezembro ou janeiro para publicar seus famosos decretos, o resultado teria sido outro. Mas a influência da raça, entendida no sentido nacional da palavra, não é negligenciável sobre o público, como tampouco o é sobre a multidão, *e* os "arrebatamentos" característicos do público francês trazem o cunho da *furia francese.*

Apesar de tudo, à distinção mais importante a fazer entre os diversos públicos, como entre as diversas multidões, é a que corresponde à natureza de seu *objetivo* ou de sua *fé.* Pessoas na rua, passeando ou dirigindo-se ao trabalho, camponeses reunidos numa feira, por mais que formem um denso magote, não são mais que um aglomerado até o momento em que uma fé comum ou um objetivo comum os comove ou os move em conjunto. Assim que um novo espetáculo concentra seus olhares *e* seus espíritos, que um perigo imprevisto, uma indignação súbita orienta suas emoções para um mesmo desejo, elas começam a agregar-se docilmente, *e* esse primeiro grau de agregado social é a multidão. Pode-se dizer do mesmo modo: os leitores de um jornal, inclusive os habituais, na medida em que leem apenas os anúncios e as informações práticas relacionadas a seus assuntos privados, não formam um público; e, se eu pudesse acreditar que, como alguns pretendem às vezes, o jornal-anúncios está destinado a crescer em detrimento do jornal-tribuna, eu me apressaria em apagar tudo o que escrevi mais acima sobre as transformações sociais levadas a cabo pelo jornalismo. No entanto, nada disso acontece, nem mesmo na América[7]. Ora, é a partir do momento em que os leitores de uma mesma folha deixam-se ganhar pela ideia ou a paixão que a suscitou que compõem realmente um público.

Devemos, portanto, antes de tudo, classificar as multidões e também os públicos conforme a natureza do objetivo ou da fé que os anima. Mas distingamo-los inicialmente segundo a parte da fé, da ideia, ou do objetivo, do desejo, que é preponderante neles. Há multidões crentes e multidões desejosas, públicos crentes e públicos desejosos; ou melhor – pois nos homens reunidos ou mesmo unidos a distância, tudo, pensamento ou desejo, é rapidamente levado ao extremo –, há multidões ou públicos apaixonados, despóticos. A escolha reduz-se praticamente a essas duas categorias. Admitamos, porém, que os públicos são menos exagerados que as multidões, menos déspotas ou menos dogmáticos, mas seu despotismo ou dogmatismo, embora menos agudo, é, em compensação, bem mais tenaz e crônico que o das multidões.

Crentes ou desejosas, estas diferenciam-se conforme a natureza da corporação ou da seita a que estão ligadas, e a mesma distinção é aplicável aos públicos que, como sabemos, procedem sempre dos grupos sociais or-

---
7. Em sua bela obra sobre os *Princípios de sociologia*, o americano Giddings fala, incidentalmente, do papel capital desempenhado pelos jornais na guerra da Secessão. E, a esse respeito, combate a opinião popular segundo a qual "a imprensa teria desde então submergido toda influência individual sob o dilúvio cotidiano de suas opiniões *impessoais...*". A imprensa, diz ele, "produziu o máximo de impressão sobre a opinião pública quando foi o porta-voz de uma personalidade notável, um Garrison, um Creeley. Além disso, o público não percebe muito bem que, nas redações dos jornais, o *homem de ideias*, ignorado do mundo, é conhecido de seus confrades e imprime sua individualidade sobre o cérebro e a obra deles".

ganizados dos quais são a transformação inorgânica[8]. Mas ocupemo-nos por um momento apenas das multidões. A multidão, grupo amorfo, surgido aparentemente por geração espontânea, é sempre sublevada, em realidade, por um corpo social do qual um membro lhe serve de fermento e lhe confere sua cor[9]. Assim, não confundimos com as multidões rurais e de vizinhança, reunidas na Idade Média pelo prestígio de uma família suserana para servir suas paixões, as multidões flagelantes da mesma época, que, despertadas por pregações de monges, proclamavam sua fé ao longo dos caminhos. Não confundiremos com as multidões suplicantes e processionais que membros do clero conduzem a Lourdes as multidões revolucionárias e esbravejantes suscitadas por um jacobino, ou as multidões miseráveis e esfomeadas de grevistas conduzidas por um sindicato. As multidões rurais, mais difíceis de se porem em movimento, são mais temíveis uma vez acionadas; não há sublevação parisiense cujas devastações se comparem às de uma revolta nos campos. As multidões religiosas são as mais inofensivas de todas; só se tornam capazes de crimes quando o encontro com uma multidão dissidente e contra manifestante ofende sua intolerância, não superior mas somente igual à de uma multidão qualquer. Pois os indivíduos podem ser liberais e tolerantes, tomados à parte, mas, reunidos, tornam-se autoritários e tirânicos. Isso deve-se ao fato de as crenças se exaltarem por seu mútuo contato, não havendo convicção forte que tolere ser contestada.

---

[8]. Nova prova de que o vínculo orgânico e o vínculo social são diferentes e de que o progresso deste não implica em absoluto o progresso daquele.

[9]. Isso acontece mesmo quando ela é, como eu disse mais acima, uma excrescência do público, pois o próprio público é a transformação de um grupo social organizado, partido, seita, corporação.

Daí, por exemplo, os massacres de arianos por católicos e de católicos por arianos, que ensanguentaram no século IV as ruas de Alexandria. As multidões políticas, urbanas em sua maior parte, são as mais apaixonadas e furiosas: versáteis, por sorte, passam da execração à adoração, de um acesso de cólera a um acesso de alegria, com extrema facilidade. As multidões econômicas, industriais, são, como as multidões rurais, muito mais homogêneas que as demais, muito mais unânimes e persistentes em seus propósitos, mais fortes e maciças, porém menos dispostas à violência e à destruição material na exasperação de seu furor.

As multidões estéticas – que são, juntamente com as religiosas, as únicas multidões crentes a assinalar – foram negligenciadas, não sei por quê. Chamo assim aquelas multidões suscitadas por uma escola antiga ou nova de literatura ou de arte, a favor ou contra uma obra dramática, por exemplo, ou musical. Essas multidões são talvez as mais intolerantes, precisamente por causa do que há de arbitrário e subjetivo nos juízos de gosto que proclamam. Elas experimentam de modo ainda mais imperioso a necessidade de ver difundir-se e propagar-se seu entusiasmo por este ou aquele artista, por Victor Hugo, Wagner, Zola, ou, inversamente, seu horror por Zola, Wagner, Victor Hugo, na medida em que essa propagação da fé artística é praticamente sua única justificativa. Assim, quando se defrontam com contraditores igualmente agrupados, sua cólera pode eventualmente tornar-se sanguinária. Não correu sangue, no século XVIII, nas lutas entre defensores e adversários da música italiana?

Mas, por diversas que sejam em sua origem, como em suas outras características, as multidões se assemelham todas por certos traços: sua intolerância prodigiosa, seu orgulho grotesco, sua suscetibilidade nascida da ilusão da onipotência e a perda total do sentimento mutuamente exaltado. Entre a execração e a adoração, entre o horror e o entusiasmo, entre os gritos de *viva* e *morte*, não há meio-termo para uma multidão. *Viva* significa: *viva para sempre*. Existe aí um desejo de imortalidade divina, um começo de apoteose. Basta um nada para transformar a divinização em danação eterna.

Ora, muitas dessas distinções e considerações parecem poder aplicar-se aos diversos públicos, com a diferença de que, neles, os traços assinalados encontram-se menos acentuados. Os públicos, como as multidões, são intolerantes, orgulhosos, enfatuados, presunçosos e, sob o nome de *opinião*, entendem que tudo submete-se a eles, mesmo a verdade quando esta os contraria. Não é visível também que, à medida que o espírito de grupo, o espírito de público, quando não o espírito da multidão, se desenvolve em nossas sociedades contemporâneas, pela aceleração das correntes de circulação mental, o sentimento de ponderação nelas se perde cada vez mais? Exaltam-se ou depreciam-se pessoas e obras com a mesma precipitação. Os próprios críticos literários, fazendo-se complacente eco dessas tendências de seus leitores, quase não sabem mais matizar nem moderar suas apreciações: também eles aclamam ou *desprezam*. Como estamos longe dos juízos brilhantes de um Sainte-Beuve! Nisto, tanto os públicos como as multidões lembram um pouco os alcoólatras. E, de fato, a vida coletiva intensa é, para o cérebro, um terrível álcool.

Mas os públicos diferem das multidões no fato de que a proporção dos públicos de fé e de ideia é bem maior, seja qual for sua origem, do que a dos públicos de paixão e de ação, ao passo que as multidões crentes e idealistas são pouca coisa se comparadas às multidões apaixonadas e turbulentas. Não é apenas o público religioso ou o público estético, um nascido das igrejas, o outro das escolas de arte, que é movido por um *credo* e um ideal, é também o público científico, o público filosófico, em suas múltiplas variedades, e inclusive o público econômico, o qual, traduzindo apetites, os idealiza... Pela transfiguração de todos os grupos sociais em público, portanto, o mundo vai intelectualizando-se. Quanto aos públicos de ação, poderíamos pensar que eles não existem, propriamente falando, se não soubéssemos que, nascidos de partidos políticos, impõem aos homens de Estado suas ordens, soprados por alguns publicistas... Além disso, como é mais inteligente e esclarecida, a ação dos públicos pode ser e é, com frequência, bem mais fecunda que a das multidões[10].

É fácil prová-lo. Quer sejam formadas principalmente pela comunhão das crenças, quer pela das vontades, as multidões podem apresentar quatro maneiras de ser, que marcam os diversos graus de sua passividade ou de sua atividade. Elas são *expectantes, atentas, manifestantes* ou *atuantes*. Os públicos apresentam as mesmas diversidades. As multidões expectantes são aquelas que, reunidas num teatro antes de erguer-se a cortina, ou em volta de uma guilhotina antes da chegada do condenado,

---

10. Outra diferença a notar. É sempre sob a forma de polêmicas de imprensa que o público manifesta sua existência: assiste-se então ao combate de dois públicos, que se traduz frequentemente pelo duelo de seus publicistas. Mas é extremamente raro que haja combates de duas multidões, como esses conflitos de procissão que, segundo Larroumet, ocorrem às vezes em Jerusalém. A multidão se compraz em marchar e em manifestar-se sozinha, em exibir sua força e infringi-la ao vencido, vencido sem combate. O que vemos às vezes é uma tropa regular em luta com uma multidão que se dispersa se for mais fraca, que a esmaga e a massacra se for mais forte. Vemos também, não duas multidões, mas uma única multidão bicéfala, o Parlamento, dividir-se entre dois partidos que se combatem verbalmente ou a socos, como em Viena... e mesmo em Paris.

esperam que a cortina se erga ou que o condenado chegue; ou então aquelas que, mobilizadas pela chegada de um rei, de um visitante imperial, de um trem que deve trazer um homem popular, tribuno, general vitorioso, esperam o cortejo do soberano ou a chegada do trem. A curiosidade de tais multidões atinge proporções inusitadas, sem a menor relação com seu objeto, às vezes insignificante. Ela é ainda mais intensa e exagerada do que nos públicos expectantes, nos quais se eleva, porém, bastante alto quando milhões de leitores superexcitados por um caso sensacionalista ficam à espera de um veredicto, de uma prisão, de uma notícia qualquer. O menos curioso, o mais sério dos homens, se entra num desses ajuntamentos febris, pergunta-se o que é que o retém ali apesar de suas ocupações urgentes, que estranha necessidade ele agora experimenta, como todo o mundo ao redor dele, de ver passar o carro de um imperador ou o cavalo negro de um general. Notemos, ademais, que as multidões expectantes são sempre muito mais pacientes do que os indivíduos em semelhante caso. Durante as festas franco-russas, multidões parisienses estacionaram por três ou quatro horas, imóveis, comprimidas, sem nenhum sinal de descontentamento, ao longo do trajeto por onde haveria de passar o cortejo do czar. De tempos em tempos, um carro qualquer era tomado pelo começo do cortejo, mas, reconhecido o erro, todos se punham de novo a esperar sem que essas ilusões e decepções repetidas parecessem jamais produzir seu efeito ordinário de exasperação. Sabe-se também o tempo de espera sob a chuva, mesmo à noite, que suportam as multidões curiosas de um grande desfile militar. Inversamente, acontece com frequência, no teatro, que o mesmo público tranquilamente resignado a um atraso abusivo, de repente se exaspera e não pode mais suportar demora de um minuto. Por que a multidão é assim sempre mais paciente ou mais impaciente que o indivíduo? Isso se explica, em ambos os casos, pela mesma causa psicológica, o mútuo contágio dos sentimentos entre os indivíduos reunidos. Enquanto nenhuma manifestação de impaciência, tripúdios, apupos, ruído de bengalas ou de pés, se produz num ajuntamento – e não costuma produzir-se, naturalmente, quando não serviria para nada, antes de uma execução capital ou de um desfile militar –, cada um é impressionado pelo aspecto da atitude resignada ou alegre de seus vizinhos, e reflete inconscientemente sua resignação ou sua alegria. Mas, se alguém – quando isso pode servir para diminuir o atraso, no teatro, por exemplo – toma a iniciativa de impacientar-se, logo é imitado gradativamente e a impaciência de cada um vê-se redobrada pela dos outros. Os indivíduos nas multidões são simultaneamente afetados ao mais alto grau pela mútua atração moral e pela mútua repulsão física (antítese que não existe no caso dos públicos). Eles se empurram com os cotovelos, mas, ao mesmo tempo, estão visivelmente desejosos de só exprimir sentimentos de concordância com os de seus vizinhos, e, nas conversas que às vezes mantêm entre si, procuram ser agradáveis sem distinção de hierarquias nem de classes.

As multidões atentas são as que se comprimem em volta de um púlpito de pregador ou de professor, de uma tribuna, de um malabarista, ou diante de um palco em que se representa um drama patético. Sua atenção – e também sua desatenção – é sempre mais forte e mais perseverante do que seria a de cada um dos indivíduos que as compõem, se estivesse sozinho. A propósito de tais multidões, ouvi de um professor uma observação que me pareceu justa. "Um auditório de jovens na Escola de Direito ou em qualquer outra faculdade", disse-me ele, "é sempre atento e respeitoso quando não é numeroso; mas se, em vez de vinte ou trinta, forem cem, duzentos, trezentos, eles geralmente cessam de respeitar e escutar seu professor, e suas conversas se tornam frequentes. Divida em quatro grupos, de vinte e cinco cada, cem estudantes faladores e turbulentos, terá quatro auditórios cheios de atenção e respeito". É que o orgulhoso sentimento de seu número embriaga os homens reunidos e os faz desprezar o homem isolado que lhes fala, a menos que este consiga deslumbrá-los e "enfeitiçá-los". Mas convém acrescentar que, quando um auditório muito numeroso deixa-se captar pelo orador, ele é tanto mais respeitoso e atento quanto mais vasto for.

Outra observação. Nas multidões fascinadas por um espetáculo ou um discurso, apenas um pequeno número de espectadores e ouvintes ouve muito bem, muitos só veem ou ouvem pela metade ou nem isso; no entanto, por pior que seja o lugar, por mais caro que lhes tenha custado, sentem-se satisfeitos e de nada se queixam. Tais pessoas, por exemplo, esperaram duas horas a chegada do czar, que finalmente passa. Mas, amontoadas atrás de várias filas de pessoas, não viram nada; sua única satisfação foi ouvir um ruído de carros mais ou menos expressivo, mais ou menos enganador. Não obstante, de volta às suas casas, contaram esse espetáculo, com muito boa fé, como se o tivessem testemunhado, pois na realidade o viram pelos olhos de outrem. Ficariam muito espantadas se lhes disséssemos que o habitante da província, a duzentas léguas de Paris, que visse em seu jornal ilustrado uma fotografia da passagem imperial, teria sido realmente mais espectador que elas próprias. Por que estão convencidas do contrário? Porque, a bem dizer, é a multidão sobretudo, nessas ocasiões, que serve de espetáculo a si mesma. A multidão atrai e admira a multidão.

As multidões manifestantes ocupam a posição intermediária entre as multidões mais ou menos passivas de que acabamos de falar e as multidões ativas. Quer manifestem sua convicção, quer sua paixão amorosa ou odiosa, alegre ou triste, é sempre com o exagero que lhes é próprio. Pode-se notar nelas duas características que têm algo de feminino: um simbolismo marcadamente expressivo, unido a uma grande pobreza de imaginação na invenção desses símbolos, sempre os mesmos e insaciavelmente repetidos. Levar em procissão estandartes e bandeiras, estátuas, relíquias, às vezes cabeças cortadas na ponta de uma lança, fazer ouvir *vivas* ou vociferações, cânticos ou canções, é mais ou menos tudo o que souberam inventar para a expressão de seus sentimentos. Mas, embora tenham poucas ideias, apegam-se muito a elas e não se cansam de proferir os mesmos gritos, de recomeçar a mesma passeata. Também os públicos, chegando a um certo ponto de excitação, tornam-se manifestantes. Não o são apenas de uma maneira indireta, pelas multidões que nascem deles, mas sim, antes de mais nada e diretamente, pela influência arrebatadora que exercem sobre aqueles mesmos que os puseram em movimento e que não podem mais retê-los, pelas torrentes de lirismo ou de injúrias, de adulação ou de difamação, de delírio utópico ou de furor sanguinário que fazem brotar da pena de seus publicistas obedientes, transformados de mestres em servos. Assim, suas manifestações são bem mais variadas e mais perigosas que as das multidões, e é deplorável o gênio inventivo que se consome, certos dias, em mentiras engenhosas, em histórias forjadas, desmentidas a todo instante, ressurgindo a todo instante, pelo simples prazer de servir a cada público o prato que ele deseja, de exprimir o que ele julga verdadeiro ou que ele *quer* que seja verdadeiro.

Chegamos às multidões atuantes. Mas o que é que as multidões podem realmente fazer? Percebo que são capazes de desfazer, de destruir, mas o que podem produzir com a incoerência essencial e a falta de coordenação de seus esforços? As corporações, as seitas e as associações organizadas são tanto produtoras quanto destruidoras. Na Idade Média, grupos se formavam para construir pontes, os monges do Ocidente desbravaram regiões, fundaram cidades; os jesuítas fizeram, no Paraguai, a mais curiosa experiência de vida falansteriana já tentada com sucesso; corporações de pedreiros edificaram a maior parte de nossas catedrais. Mas é possível citar uma casa construída por uma multidão, uma terra desbravada e lavrada por uma multidão, uma indústria qualquer criada por uma multidão? Para algumas poucas árvores da liberdade que elas plantaram, quantas florestas incendiadas, mansões saqueadas, castelos demolidos! Para um prisioneiro popular que às vezes libertaram, quantos linchamentos, quantas prisões arrombadas por multidões americanas, ou revolucionárias, a fim de massacrar prisioneiros odiados, invejados ou temidos!

Podem-se distinguir as multidões ativas em multidões de amor e multidões de ódio. Mas a que obra realmente fecunda as multidões amorosas dedicam sua atividade? Não se sabe o que há de mais desastroso, ódios ou amores, execrações ou entusiasmos da multidão. Quando vocifera, tomada de um delírio canibal, ela é horrível, não resta dúvida; mas, quando se arroja, adoradora, aos pés de um de seus ídolos humanos, desatrela sua carruagem, ergue-o em triunfo nos ombros, na maioria das vezes é um semilouco como Masaniello, um animal feroz como Marat, um general charlatanesco como Boulanger, que é o objeto de sua adoração, mãe das ditaduras e das tiranias. Mesmo quando cinge de ovações delirantes um herói nascente como Bonaparte ao regressar da Itália, ela só pode preparar seus desastres pelo excesso de orgulho que suscita nele e que fará seu gênio rebentar em demência. Mas é sobretudo a um Marat que ela dedica todo o seu entusiasmo. A apoteose desse monstro oculto, prestado a seu "coração sagrado" exposto no Panteão, é um exemplo gritante do poder de cegueira mútua, de mútua alucinação, de que os homens reunidos são capazes. Nesse arrebatamento irresistível, a covardia teve sua parte, mas certamente bem pequena, e como que afogada na sinceridade geral.

Apresso-me a dizer, porém, que há uma variedade das multidões de amor, muito difundida, que desempenha um papel social dos mais necessários e salutares, servindo de contrapeso ao mal efetuado por todas as outras espécies de ajuntamentos. Refiro-me à multidão de festa, à multidão de alegria, à multidão espontaneamente amorosa, embriagada apenas pelo prazer de se reunir por se reunir. Aqui, apago prontamente o que há de materialista e estreito no que afirmei mais acima sobre o caráter improdutivo das multidões. Por certo, nem toda produção consiste em construir casas, em fabricar móveis, roupas ou alimentos; a paz social, a união social conservada pelas festas populares, pelas quermesses, pelos folguedos periódicos de toda uma aldeia ou toda uma cidade, onde toda dissidência se dilui momentaneamente na comunhão de um mesmo desejo, o desejo de se ver, de se pôr em contato, de simpatizar, essa paz, essa união são produtos não menos preciosos do que todos os frutos da terra, do que todos os artigos da indústria. Mesmo as festas da Federação, em 1790, calmaria tão breve entre dois ciclones, tiveram uma virtude passageira de pacificação. Acrescentemos que o entusiasmo patriótico – outra variedade de amor e de amor de si, do si coletivo, nacional – também com frequência inspirou generosamente as multidões e, se não lhes fez jamais ganhar batalhas, teve por efeito às vezes tornar invencível o ânimo dos exércitos por elas exaltados.

Esquecerei, por fim, depois das multidões de festa, as multidões de luto, as que acompanham, sob a opressão de uma dor comum, o enterro de um amigo, de um grande poeta, de um herói nacional? Também estas são enérgicos estimulantes da vida social; e é sentindo junto essas tristezas como essas alegrias que um povo se habilita a formar um único feixe de todas as vontades.

Em suma, as multidões estão longe de merecer, em seu conjunto, o mal que lhe atribuíram e que eu mesmo eventualmente apontei. Se pusermos na balança a obra cotidiana e universal das multidões de amor, sobretudo das multidões de festa, junto com a obra intermitente e localizada das multidões de ódio, será preciso reconhecer com toda a imparcialidade que as primeiras contribuíram muito mais para tecer e estreitar os vínculos sociais do que as segundas para dilacerar em alguns pontos esse tecido. Suponha-se um país onde não houvesse jamais tumulto ou agitação odiosa de nenhuma espécie, mas onde, ao mesmo tempo, as festas públicas, as manifestações alegres da rua, os entusiasmos populares, fossem desconhecidos. Esse país insípido e incolor será seguramente bem menos impregnado do sentimento profundo de sua nacionalidade do que o país mais agitado do mundo por distúrbios políticos, por massacres inclusive, mas que, no intervalo desses delírios, como Florença na Idade Média, conservou o hábito tradicional das grandes expansões religiosas ou profanas, da alegria em comum, dos jogos, procissões, cenas carnavalescas. As multidões, portanto, os ajuntamentos, os acotovelamentos, os arrebatamentos recíprocos dos homens, são muito mais úteis do que prejudiciais ao desdobramento da sociabilidade. Mas aqui, como em toda parte, *o que se vê* impede de pensar *no que não se vê*. Daí, certamente, a severidade habitual do sociólogo para com as multidões. Os bons efeitos das multidões de amor e de alegria se ocultam nas dobras do coração, onde subsiste longamente após a festa um acréscimo de disposição simpática e conciliadora, que se traduz de mil formas despercebidas nos gestos, nas palavras, nas relações da vida cotidiana. Ao contrário, a obra antissocial das multidões de ódio atinge todos os olhos, e o espetáculo das destruições criminosas que elas praticaram sobrevive-lhes por muito tempo para fazer execrar sua memória.

Poderei eu agora falar dos *públicos atuantes* sem abusar das metáforas? O público, essa multidão dispersa, não é essencialmente passivo? Em realidade, quando é elevado a um certo tom de exaltação, do qual seus publicistas são advertidos por seu hábito cotidiano de *auscultá-lo*, o público age por eles, assim como manifesta por eles, impõe-se aos homens de Estado que se tornam seus executores. Isso é o que se chama poder da opinião. É verdade que ela atesta sobretudo a de seus condutores, que a puseram em movimento; mas, uma vez suscitada, essa opinião os arrasta por caminhos que não previram. Assim, a ação dos públicos é, antes de tudo, uma reação, formidável às vezes, contra seu publicista, que sofre as consequências das excitações por ele provocadas. Aliás, é uma ação inteiramente espiritual, como a própria realidade do público. Tal como a das multidões, ela é inspirada pelo amor e pelo ódio; mas, diferentemente daquela, possui com frequência, quando o amor a inspira, uma eficácia de produção direta, por ser mais refletida e calculada, mesmo em suas violências. O bem que ela faz não se limita ao exercício diário da simpatia social dos indivíduos, excitada pelas sensações cotidianamente renovadas de seu contato espiritual. Ela suscitou algumas boas leis de mútua assistência e de piedade. Embora nada tenham de periódico e de regulado pela tradição, as alegrias e os sofrimentos do público possuem, mesmo assim, como as festas da multidão, o dom de abrandar as lutas e pacificar os corações, e é preciso abençoar a imprensa frívola, não digo pornográfica, quando ela mantém o público num bom humor mais ou menos constante, favorável à paz. Quanto aos públicos de ódio, conhecemo-los também, e o mal que fazem ou que fizeram é bem superior aos danos praticados pelas multidões furiosas. O público é uma multidão bem menos cega e bem mais duradoura, cuja raiva mais perspicaz se acumulou e se sustenta durante meses e anos.

Assim, surpreende-me que, após ter-se falado tanto dos crimes da multidão, nada se tenha dito dos crimes do público. Pois seguramente há públicos criminosos, ferozes, ávidos de sangue, como existem multidões criminosas; e, se a criminalidade dos primeiros é menos aparente que a das segundas, quão mais real ela é, quão mais refinada, mais profunda, menos escusável! Mas, geralmente, só se dá atenção aos crimes e delitos cometidos contra o público, às mentiras, aos abusos de confiança, às fraudes numa escala imensa de que ele é amiúde vítima de parte de seus inspiradores. Deve-se dizer o mesmo dos crimes e delitos cometidos contra a multidão, e que não são menos odiosos nem, talvez, menos frequentes. Mente-se nas assembleias eleitorais, compram-se seus votos com promessas falaciosas, com compromissos solenes que se está decidido a não cumprir, com calúnias difamatórias que se inventam. E é mais fácil enganar as multidões que os públicos, pois o orador que delas abusa geralmente não tem contraditor, ao passo que os diversos jornais funcionam a todo instante como antídotos uns dos outros. Seja como for, do fato de que o público possa ser a vítima de um verdadeiro crime segue-se que ele próprio não possa ser criminoso?

Uma vez que tratamos dos abusos de confiança de que o público é objeto, abramos um parêntese para observar o quanto a noção inteiramente individualista de *vínculo de direito*, tal como os juristas sempre a compreenderam, é insuficiente e requer ser remodelada para responder às mudanças sociais que o nascimento e o crescimento dos públicos produziram em nossos usos e costumes. Para que haja *vínculo de direita* pelo efeito de uma promessa, é preciso, segundo as ideias admitidas até aqui, que ela tenha sido aceita por aquele ou aqueles a que se dirige, o que supõe uma relação *pessoal* entre eles. Isso era válido antes da palavra impressa, quando a promessa humana não ia muito mais longe que a voz humana e, considerando os limites estreitos do grupo social com o qual se mantinham relações de negócios, sendo o cliente sempre pessoalmente conhecido do fornecedor, o donatário do doador, o devedor do credor, o contrato bilateral possa assumir a forma eminente e quase exclusiva de obrigação. Mas, depois dos progressos da imprensa, é cada vez menos com determinadas pessoas e cada vez mais com coletividades que mantemos relações de todo gênero, coletividades às quais nos dirigimos através do jornal, com as quais nos comprometemos comercialmente através de anúncios, politicamente através de programas. A infelicidade é que tais compromissos, mesmo os mais solenes, são simples vontades *unilaterais*, não atadas pela reciprocidade de vontades simultâneas, simples promessas não aceitas nem suscetíveis de aceitação e, como tais, desprovidas de qualquer sanção jurídica[11]. Nada mais próprio para favorecer o que poderemos chamar de banditismo social. Pode-se todavia afirmar, quando se trata de uma promessa feita a uma multidão, que é difícil sancioná-la juridicamente, em razão do caráter essencialmente passageiro da multidão, que se reúne apenas por um instante e nunca é a mesma. Citaram-me um candidato a deputado que, perante quatro mil pessoas, havia jurado retirar-se da segunda fase de escrutínio se obtivesse menos votos que seu concorrente republicano. Ele teve menos votos, com efeito, mas não se retirou, e acabou eleito. Eis o que é capaz de encorajar os charlatães políticos. E admito que, no caso, se se recuse consagrar em direito o efeito dessa promessa, pelo fato de que, uma vez dissipada a multidão, não há mais ninguém, mesmo tendo feito parte dela, que possa pretender representá-la, agir em seu nome. Mas o público é permanente, e não vejo por que, após uma informação sabidamente enganosa ter sido publicada como verdadeira, os leitores confiantes que foram levados a alguma especulação infortunada, a algum desastre financeiro por essa mentira artificiosa, interessada, venal, não teriam o direito de citar em justiça o publicista tratante que os enganou, a fim de fazê-lo reparar seus danos. Talvez, então, o caráter público de uma mentira, em vez de, como agora, ser uma circunstância atenuante ou absolutória, fosse visto como um agravante tanto mais forte quanto mais numeroso o público enganado[12]. É inconcebível que um escri-

---

11. Ver sobre esse assunto nossas *Transformations du droit* [Transformações do direito), pp. 116 e 307, bem como a tese de René Worms sobre a *Vontade unilateral.*

12. Pois há públicos como assembleias que são tanto mais fáceis de enganar quanto mais numerosos forem, como os prestidigitadores sabem muitíssimo bem.

tor, que teria escrúpulo de mentir na vida privada, minta impudentemente, voluntariamente, a cem mil, cento e cinquenta mil pessoas que o leem; e que muita gente saiba disso e continue a tê-lo por um homem de bem.

Mas deixemos essa questão de direito e voltemos aos crimes e delitos do público. Que haja públicos loucos, não é de se duvidar; é seguramente o caso do público ateniense quando forçava seu governo, há poucos anos, a declarar guerra à Turquia.

Que haja públicos delinquentes, tampouco é menos certo. Acaso não há ministérios que, sob a pressão do público, de uma imprensa dominante, foram forçados – não querendo cair honrosamente – a propor e a fazer votar leis de perseguição *e* espoliação contra esta ou aquela categoria de cidadãos? É verdade que os crimes dos públicos têm menos impacto *e* atrocidade aparente do que os crimes das multidões. Diferenciam-se destes por quatro características: 1) são menos repugnantes; 2) são menos vingativos *e* mais interessados, menos violentos *e* mais astuciosos; 3) são mais larga *e* duradouramente opressivos; 4) enfim, são ainda mais seguros de impunidade.

Querem um exemplo típico dos crimes das multidões? A *Revolução* de Taine fornece tantos quantos se possam desejar. Em setembro de 1789, em Troyes, um boato se forma contra Huez, o prefeito: ele é um *açambarcador*, quer *fazer* o *povo comer feno*. Huez é um homem conhecido por sua beneficência, prestou grandes serviços à cidade. Não importa. A 9 de setembro, sendo três carregamentos de farinha julgados ruins, o povo se junta *e* grita: "Abaixo o prefeito! Morte ao prefeito!" Huez, ao sair de seu tribunal, é derrubado, atingido por socos *e* pontapés, atingido na cabeça com um tamanco. Uma mulher se lança sobre o velho caído por terra, pisoteia-lhe o corpo, enfia-lhe uma tesoura nos olhos várias vezes. Ele é arrastado, com a corda no pescoço, até a ponte, lançado no riacho, depois retirado *e* arrastado novamente pelas ruas, *"com uma porção de feno na boca"*. Seguem-se pilhagens *e* demolições de casas e, em casa de um notário, "mais de seiscentas garrafas são bebidas ou roubadas"[13].

Percebe-se que esses assassinatos coletivos não são inspirados pela cupidez, como os de nossos assaltantes ou como os dos públicos revolucionários que, na mesma época, pela voz de seus jornais, por seus representantes aterrorizados, faziam elaborar listas de proscrição ou votar leis de confisco para se apoderar dos despojos de suas vítimas. Não, são inspirados pela vingança, como os assassinatos familiares dos clãs bárbaros, pela necessidade de punir crimes reais ou imaginários, como os linchamentos americanos. Em todos os tempos e países, a multidão homicida e saqueadora acredita-se justiceira, e a justiça sumária que ela aplica lembra singularmente, pela natureza vingativa das penalidades, por sua crueldade inusitada, por seu próprio simbolismo – como demonstra a porção de feno na boca de Huez –, a justiça dos tempos primitivos.

A bem dizer, pode-se chamar de criminosa uma multidão transtornada pela persuasão de que é traída, de que é reduzida à fome, de que querem exterminá-la? Em geral, o único criminoso aqui é o instigador ou o grupo de instigadores, o autor ou os autores das calúnias mortíferas. A grande escusa das multidões, em seus piores excessos, é sua prodigiosa credulidade, que lembra a do hipnotizado. A credulidade do público é bem menor e

---

13. *Révolution*, t. I, p. 88. Na mesma época, a multidão fez pior em Caen: o major Belsunce foi esquartejado, como La Pérouse nas ilhas Fidji, e uma mulher comeu seu coração.

sua responsabilidade bem maior. Os homens reunidos são muito mais crédulos que cada um deles tomados à parte; pois o simples fato de sua atenção concentrar-se num único objeto, numa espécie de *monoideísmo* coletivo, os aproxima do estado de sonho ou de hipnose, em que o campo da consciência, singularmente retraído, é tomado por inteiro pela primeira ideia que se apresenta. De modo que, então, toda afirmação emitida por uma voz decidida e forte contém, por assim dizer, sua própria prova. Durante a guerra de 1870, após os primeiros desastres da França, circula pelo campo o boato de que certos grandes proprietários ou certos padres enviavam enormes quantias em dinheiro aos prussianos: cem, duzentos mil francos. Isso foi dito de pessoas honradas e, ao mesmo tempo, endividadas, que dificilmente teriam como obter a décima parte daquele dinheiro. Algumas delas tinham filhos nos campos de batalha.

Ora, essas histórias homicidas pouco crédito teriam encontrado entre os camponeses enquanto eles vivessem dispersos nos campos; mas, reunidos nas feiras ou nos mercados, tornaram-se de repente crédulos a essas odiosas imbecilidades; e o crime de Hautefaye foi um sangrento testemunho disso.

As multidões não são apenas crédulas, são loucas. Várias das características que observamos nelas são as mesmas dos pacientes de nossos hospícios: hipertrofia do orgulho, intolerância, imoderação em tudo. Elas vão sempre, como os loucos, aos polos extremos da excitação e da depressão, ora heroicamente furiosas, ora aniquiladas de pânico. Têm verdadeiras alucinações coletivas: os homens reunidos julgam ver ou ouvir coisas que isoladamente não veem nem ouvem mais. E, quando se acreditam perseguidas por inimigos imaginários, sua fé é baseada em raciocínios de alienados. Encontramos um belo exemplo disso em Taine. Por volta do final de julho de 1789, sob o impacto da comoção nacional que havia suscitado por toda parte, nas ruas, nas praças públicas, reuniões febris, um boato se espalha gradativamente e logo toma conta de toda a região de Angoumois, Périgord e Auvergne. Dez mil, vinte mil saqueadores se aproximam; eles foram vistos, eis a poeira que levantam lá no horizonte, vêm massacrar tudo. "Então, comunidades inteiras refugiam-se à noite nos bosques, abandonando suas casas, levando consigo os móveis." Depois, a evidência se manifesta. Elas retornam às suas aldeias. Mas, então, se entregam a um raciocínio que é exatamente o dos perseguidos delirantes, os quais, por constatarem em si um sentimento de angústia de origem mórbida, imaginam inimigos para justificá-lo. "Já que nos alarmamos", dizem-se essas populações, "é porque havia perigo, e, *se o perigo não vem dos saqueadores, vem de outra parte*" – outra parte, ou seja, de supostos conspiradores. E o caminho está aberto a perseguições muito reais.

Vale dizer que os crimes coletivos só existem de nome? E que não haveria a considerar senão os crimes individuais de instigadores? Seria ir longe demais e seria levar ao extremo a verdade, inteiramente relativa, das considerações que precedem. Quando a multidão, num circo romano, ordenava por um sinal, para seu prazer, a morte do gladiador vencido, não era ela ferozmente homicida, apesar das circunstâncias atenuantes decorrentes do costume hereditário? Existem, aliás, multidões criminosas natas, e não assim tornadas por acidente, multidões tão criminosas quanto os líderes que elas escolheram porque se assemelhavam a elas: são as multidões compostas de malfeitores reunidos por uma afinidade secreta e cuja perversidade é exaltada por esse agrupamento. Exaltada a tal ponto que, a bem dizer, elas são menos criminosas do que *alienadas criminais*, para aplicar à criminalidade coletiva uma expressão tomada da criminalidade individual. O *alienado criminal*, esse louco perigoso e repugnante, que mata ou viola por impulso mórbido, mas cuja morbidez é menos o desvio do que a amplificação de seu caráter normal, de sua natureza falsa, egoísta e malvada, realiza-se em larga escala sob forma coletiva quando, em épocas de tumulto, os foragidos da prisão se entregam a orgias sanguinárias.

Como tudo isso está distante dos crimes do público! O público, quando é criminoso, o é mais por interesse de partido do que por vingança, mais por covardia do que por crueldade; ele é terrorista por medo, não por acesso de cólera. É capaz sobretudo de complacência criminosa para com seus chefes, de *manutengolismo*, como dizem os italianos. Mas para que se ocupar de seus crimes se ele é a opinião, e a opinião, uma vez mais, é soberana, irresponsável como tal? É sobretudo quando são tentados e não consumados que os crimes do público podem ser processados; mesmo assim, só podem sê-lo contra os publicistas que os inspiraram ou contra os líderes de multidões que, nascidas do público, entregaram-se a tais tentativas. Quanto ao próprio público, este permanece na sombra, inapreensível, esperando a hora de recomeçar. Na maioria das vezes, quando uma multidão comete crimes – a começar pelos parlamentos, multidões semicorporativas que se mostraram cúmplices de tantos déspotas –, existe atrás dela um público que a move. Será que o público eleitoral que nomeou deputados sectários e fanáticos nada tem a ver com suas prevaricações, com seus atentados contra as liberdades, os bens e a vida dos cidadãos? Não é verdade que frequentemente os reelegeu, endossando assim seus procedimentos? Não há como o público eleitoral para ser cúmplice de criminosos. O próprio público não eleitoral, puramente passivo em aparência, na realidade age por meio daqueles que buscam adulá-lo, captá-lo. É quase sempre de cumplicidade com um público celerado, desde a época em que o público começou a se formar, que os maiores crimes históricos foram cometidos: a noite de São Bartolomeu talvez, as perseguições contra os protestantes sob Luís XIV certamente, e tantos outros! Os massacres de setembro [1792] tiveram a aprovação entusiasta de um certo público, e sem a existência, sem as provocações desse público, não teriam acontecido. Num nível inferior de delito, as fraudes eleitorais, tais como se praticam corrente e abundantemente em certas cidades, não são delitos de grupos, realizados com a cumplicidade mais ou menos consciente de todo um público? Regra geral, ou quase: por trás das multidões criminosas há públicos mais criminosos ainda e, à frente destes, publicistas que o são ainda mais.

A força dos publicistas deve-se antes de tudo ao conhecimento instintivo que possuem da psicologia do público. Eles sabem seus gostos e suas repugnâncias; sabem que é possível, por exemplo, permitir-se com ele, impunemente, uma ousadia de imagens pornográficas que a multidão não suportaria. Há, nas multidões teatrais, um pudor coletivo oposto ao cinismo individual das pessoas que as compõem[14] e esse pudor está ausente no público especial de certos jornais. Pode-se afirmar inclusive que, para esse público, há um impudor coletivo composto de impudores relativos. Mas, público ou multi-

---

14. A multidão também apresenta, às vezes, uma honestidade coletiva feita de improbidades reunidas. Em 1720, após uma febre de especulações financeiras, o Parlamento inglês, "quase todos os membros do qual haviam participado individualmente dessa orgia de agiotagem, incriminou-se e ordenou que seus promotores fossem processados por terem corrompido personagens públicos" (Claudio Jannet, *Le Capital*).

dão, todas as coletividades se assemelham num ponto, por infelicidade: sua deplorável tendência a sofrer as excitações da inveja e do ódio. Para as multidões, a necessidade de odiar corresponde à necessidade de agir. Excitar seu entusiasmo não leva muito longe; mas oferecer-lhe um motivo e um objeto de ódio é dar asas à sua atividade, que, como sabemos, é essencialmente destrutiva quando se exprime por atos precisos; daí o sucesso das listas de proscrição nas insurreições. O que as multidões em cólera reclamam é uma ou várias cabeças. A atividade do público, felizmente, é menos simplista e se volta tão facilmente para um ideal de reformas ou de utopias quanto para ideias de ostracismo, perseguição, espoliação. Mas, ao dirigirem-se à sua malignidade nativa, seus inspiradores conduzem-no com facilidade às metas de sua própria maldade. Descobrir ou inventar um novo e grande objeto de ódio para uso do público é ainda um dos meios mais seguros de tornar-se um dos reis do jornalismo. Em país algum, em época alguma, a apologética conseguiu ter mais sucesso de que a difamação.

Mas eu não gostaria de concluir com essa reflexão pessimista. Inclino-me a crer, apesar de tudo, que as profundas transformações sociais que devemos à imprensa se fizeram no sentido da união e da pacificação finais. Ao substituírem os agrupamentos mais antigos, ou se superporem a eles, como vimos, os novos agrupamento a que chamamos públicos, sempre mais extensos e maciços, não fazem apenas o reinado da moda suceder ao reino do costume, a inovação suceder à tradição, mas também substituem as divisões marcadas e persistentes entre as múltiplas variedades da associação humana, com seus conflitos sem fim, por uma segmentação incompleta e variável, de limites indistintos, em via de perpétua renovação e de mútua penetração. Tal me parece ser a conclusão desse longo estudo.

Mas acrescento que seria um erro profundo enaltecer as coletividades, mesmo sob sua forma mais espiritual do progresso humano. Toda iniciativa fecunda, em última análise, emana de um pensamento individual, independente e forte; e para pensar é preciso não apenas isolar-se da multidão, como diz Lamartine, mas também do público. É o que esquecem os grandes aduladores do povo agrupado em massa, que não percebem uma espécie de contradição implicada em suas apologias. Pois, em geral, eles testemunham tanta admiração pelas grandes obras supostamente anônimas e coletivas apenas para exprimir seu desprezo pelo gênios individuais que não os deles próprios. Convém notar, assim, que esses célebres admiradores das multidões, depreciadores ao mesmo tempo de todos os homens em particular, foram prodígios de orgulho. Ninguém mais que Wagner, a não ser Victor Hugo, depois de Chateaubriand, talvez, e de Rousseau, professou a teoria segundo a qual "o povo é a força eficiente da obra de arte" e "o indivíduo isolado não saberia inventar nada, podendo apenas apropriar-se de uma invenção comum". Eis aí um tipo de admiração coletiva que não custa nada ao amor-próprio de ninguém, como sátiras impessoais que não ofendem ninguém porque se dirigem indistintamente a todo o mundo.

O perigo das novas democracias é a dificuldade crescente, para os homens de pensamento, de escapar à obsessão da agitação sedutora. É difícil baixar um sino de mergulhador num mar muito agitado. As individualidades dirigentes que nossas sociedades contemporâneas põem em destaque são cada vez mais os escritores que vivem com elas em contínuo contato; e a ação poderosa que eles exercem, sem dúvida preferível à cegueira das multidões acéfalas, já é um desmentido à teoria das massas criadoras. Mas isso não é o bastante e, como não é suficiente espalhar por toda parte uma cultura média, sendo preciso antes elevar cada vez mais a cultura superior, podemos, com Summer Maine, nos preocupar desde já com a sorte que caberá no futuro aos últimos *intelectuais*, cujos serviços a longo prazo não chamam a atenção. O que preserva as montanhas de serem devastadas e transformadas em terras aráveis, vinhedos ou clareiras, pelas populações montanhosas, não é de modo algum o sentimento dos serviços prestados por esses reservatórios naturais; é simplesmente a solidez de seus picos, a dureza de sua substância, demasiado custosa para dinamitar. Receio que o que preservará as sumidades intelectuais e artísticas da humanidade da destruição e do nivelamento democrático não será, o reconhecimento pelo bem que o mundo lhes deve, a justa estima pelo valor de suas descobertas. Que será então? Gostaria de crer que será sua força de resistência. Ai delas se vierem a se desagregar!

CAPÍTULO II
A OPINIÃO E A CONVERSAÇÃO

A opinião

A opinião está para o público, nos tempos modernos, assim como a alma está para o corpo, e o estudo de um nos conduz naturalmente ao outro. Poderão objetar que sempre existiu uma opinião pública, enquanto o público, no sentido que especificamos, é bastante recente. Isso é certo, mas veremos em seguida a que se reduz o alcance dessa objeção. O que vem a ser a opinião? Como ela surge? Quais são suas fontes diversas? Como ela se exprime ao crescer e, exprimindo-se, cresce, como indicam seus modos de expressão contemporânea, o sufrágio universal e o jornalismo? Qual é sua fecundidade e sua importância social? Como ela se transforma? E para que foz comum, se é que há uma foz, convergem suas múltiplas correntes? Vamos esboçar algumas respostas para essas questões.

Digamos inicialmente que, nessa palavra *opinião*, confundem-se habitualmente duas coisas, que estão misturadas de fato, é verdade, mas que uma boa análise deve distinguir: a opinião propriamente dita, conjunto dos juízos, e a vontade geral, conjunto dos desejos. É sobretudo, mas não exclusivamente, da opinião entendida na primeira dessas duas acepções que nos ocupamos aqui.

Por maior que seja a importância da opinião e apesar de seus extravasamentos atuais, não devemos exagerar seu papel. Tratemos de circunscrever seu domínio. Ela não deve ser confundida com duas outras parcelas do espírito social que ao mesmo tempo a alimentam e a limitam, que estão com ela em perpétua disputa de fronteiras. Uma é a *tradição*, resumo condensado e acumulado do que foi a opinião dos mortos, herança de necessários e salutares preconceitos, frequentemente onerosos para os vivos. A outra é o que me permitirei chamar, com um nome coletivo e abreviativo, de *razão*. Entendo dessa forma os juízos pessoais, relativamente racionais, embora muitas vezes insensatos, de uma elite pensante que se isola e se retira da corrente popular a fim de represá-la ou dirigi-la. Sacerdotes, na origem, filósofos, sábios, jurisconsultos – concílios, universidades, cortes judiciárias – são sucessivamente, ou ao mesmo tempo, a encarnação dessa razão resistente e dirigente, que se distingue com clareza tanto dos arrebatamentos apaixonados e imitativos das multidões como das motivações ou dos princípios seculares depositados no fundo de seu coração. Gostaria de poder acrescentar a essa enumeração os Parlamentos, Câmaras ou Senados. Seus membros não são eleitos precisamente para deliberar numa perfeita independência e servir de freio à desordem pública? Mas há grande distância entre o ideal e a realidade das coisas.

Bem antes de ter uma opinião geral e sentida como tal, os indivíduos que compõem uma nação têm consciência de possuir uma tradição comum e submetem-se de bom grado às decisões de uma razão julgada superior. Assim, desses três ramos do espírito público, o último a se desenvolver, mas também o mais apto a crescer a partir de um certo momento, é a *opinião*; e ela cresce à custa dos outros dois. Contra seus assaltos intermitentes não há instituição nacional que resista; diante de suas ameaças ou intimações, não há razão individual que não trema ou não balbucie. Qual dessas duas rivais é a mais prejudicada pela opinião? Isso depende de quem a dirige. Quando estes fazem parte da elite pensante, acontece-lhes às vezes erguer a opinião como um aríete para derrubar a muralha tradicional e, destruindo-a, ampliá-la, o que não deixa de comportar perigos. Mas quando a direção da multidão é abandonada aos primeiros que chegam, lhes é mais fácil, apoiando-se na tradição, amotinar a opinião contra a razão, que, no entanto, acaba por triunfar.

Tudo iria melhor se a opinião se limitasse a vulgarizar a razão para consagrá-la em tradição. A razão de hoje se tornaria como que a opinião de amanhã e a tradição de depois de amanhã. Mas, em vez de servir de elemento de união entre suas vizinhas, a opinião gosta de tomar partido em suas disputas e ora, embriagando-se com as novas doutrinas da moda, devasta as ideias ou as instituições costumeiras antes de poder substituí-las, ora, sob o domínio do costume, expulsa ou oprime os inovadores racionais, ou força-os a vestir a libré tradicional, disfarce hipócrita. Essas três forças diferem tanto por sua natureza quanto por suas causas e seus efeitos. Elas contribuem conjuntamente, mas de forma muito desigual e variável, para formar o *valor* das coisas; e o valor é bem diferente conforme seja antes de tudo questão de costume, questão de moda ou questão de raciocínio. Diremos mais adiante que a conversação em todos os tempos e a principal fonte atual de conversação, a imprensa, são os grandes fatores da opinião, sem contar evidentemente a tradição e a razão, que não deixam jamais de participar dela e imprimir sua marca. Os fatores[1] da tradição, além da própria opinião, são a educação familiar, a aprendizagem profissional e o ensino escolar, no que este tem de elementar, pelo menos. A razão, em todos os cenáculos judiciários, filosóficos, científicos e mesmo eclesiástico em que se elabora, tem por fontes características a observação, a experiência e a pesquisa, ou, em todo caso, o raciocínio, a dedução baseada nos textos.

As lutas ou as alianças dessas três forças, suas colisões, suas invasões recíprocas, sua ação mútua, suas relações múltiplas e variadas, são um dos interesses pungentes da história. A vida social não tem nada de mais interno nem de mais fecundo que esse longo trabalho de oposição e de adaptação frequentemente sangrentos. A tradição, que permanece sempre nacional, é mais confinada entre limites fixos, mas infinitamente mais profunda e estável que a opinião, coisa leve e passageira como o vento e, da mesma forma que ele, expansiva, aspirando sempre a tornar-se internacional como a razão. Pode-se dizer, em geral, que a falésia da tradição é incessantemente roída pelo avanço da opinião, maré sem refluxo. A opinião é tanto mais forte quanto menos o for a tradição, o que não quer dizer que a razão também é menos forte então. Na Idade Média, a razão, representada pelas universidades, os concílios e as cortes de justiça, tinha muito mais força que hoje para resistir à opinião popular e rechaçá-la, não obstante tivesse muito menos para combater e reformar a tradição. A infelicidade é que não é apenas contra a tradição, o que já é bastante grave, mas também

---

1. A palavra *fator* é aliás ambígua: significa canal ou fonte. Aqui, ela significa *canal*. Pois a conversação e a educação não fazem mais que transmitir as ideias de que se compõem a tradição ou a opinião. As *fontes* são sempre iniciativas individuais, pequenas ou grandes invenções.

contra a razão – razão judiciária, razão científica, razão legislativa ou eventualmente política – que a opinião contemporânea tornou-se onipotente. Se não invade os laboratórios dos cientistas – único refúgio inviolável até o momento –, ela extravasa os tribunais, submerge os Parlamentos e não há nada mais singular que esse dilúvio cujo fim próximo nada faz prever.

Após havê-la circunscrito, tentemos defini-la melhor.

A opinião, diremos, é um grupo momentâneo e mais ou menos lógico de juízos, os quais, respondendo a problemas atualmente colocados, acham-se reproduzidos em numerosos exemplares em pessoas do mesmo país, da mesma época, da mesma sociedade.

Todas essas condições são essenciais. É essencial também que cada uma dessas pessoas tenha uma consciência mais ou menos clara da similitude dos juízos que emite com os juízos emitidos por outrem; pois, se cada qual se acreditasse isolada em sua apreciação, nenhuma delas se sentiria e não estaria portanto contida numa associação mais íntima com seus semelhantes, inconscientemente semelhantes. Ora, para que a consciência dessa semelhança de ideias exista entre os membros de uma sociedade, não é acaso preciso que essa semelhança tenha por causa a manifestação pela palavra, pela escrita ou pela imprensa de uma ideia a princípio individual, depois gradativamente generalizada? A transformação de uma opinião individual numa opinião social, na "opinião", foi devida à palavra pública na Antiguidade e na Idade Média, à imprensa nos dias de hoje, mas em todas as épocas e acima de tudo às conversações privadas de que vamos falar em seguida.

Dizemos a opinião, mas há sempre duas opiniões em confronto, a propósito de cada problema que se coloca. Só que uma das duas consegue rapidamente eclipsar a outra por irradiação mais rápida e mais brilhante, ou então porque, embora menos difundida, é a mais barulhenta[2].

Em todas as épocas, mesmo as mais bárbaras, houve uma opinião, mas ela distinguia-se profundamente daquilo que chamamos assim. No clã, na tribo, mesmo na cidade antiga e na cidade da Idade Média, todo o mundo se conhecia pessoalmente e quando, através das conversações privadas ou dos discursos dos oradores, uma ideia comum se estabelecia nos espíritos, não era como uma pedra que caísse do céu, de origem impessoal e por isso mais prestigiosa; cada um a representava ligada ao timbre de voz, ao rosto, à personalidade conhecida de quem ela procedia e que lhe davam uma fisionomia viva. Pela mesma razão, ela só servia de vínculo entre pessoas que, vendo-se e falando-se todos os dias, não se enganavam muito umas em relação às outras.

Enquanto a extensão dos Estados não ultrapassou as muralhas da cidade ou, no máximo, as fronteiras de um pequeno cantão, a opinião assim formada, original e forte, forte contra a própria tradição às vezes, mas sobretudo contra a razão individual, desempenhou no governo dos homens o papel preponderante do coro na tragédia grega, papel que a opinião moderna, de origem completamente diferente, tende a conquistar por sua vez em nossos grandes Estados ou em nossas imensas federações em via de crescimento. Mas, no intervalo prodigio-

---

2. Por mais que uma opinião se difunda, ela pouco *manifesta* se for moderada; mas, por menos difundida que seja uma opinião violenta, ela *manifesta* muito. Ora, as "manifestações", expressão ao mesmo tempo bastante compreensiva e clara, desempenham um papel imenso na fusão e na interpenetração das opiniões de grupos diversos e em sua propagação. Pelas manifestações, são as opiniões mais violentas que mais depressa e mais claramente tomam consciência de sua existência, o que favorece estranhamente sua expansão.

A OPINIÃO E A CONVERSAÇÃO

samente longo que separa essas duas fases históricas, a importância da opinião sofre uma depressão enorme, que se explica por sua fragmentação em opiniões locais, privadas de elementos de união *e* ignorantes umas em relação às outras. Num Estado feudal, como a Inglaterra ou a França da Idade Média, cada cidade, cada burgo tinha suas dissensões internas, sua política própria, *e* as correntes de ideias, ou melhor, os turbilhões de ideias que rodopiavam no mesmo ponto nesses lugares fechados, eram tão diferentes de um lugar a outro quanto estranhos *e* indiferentes uns em relação aos outros, pelo menos em tempo ordinário. Nessas localidades, não apenas a política local era absorvente, como também, na medida, na escassa medida em que as pessoas se interessavam pela política nacional, só tratavam dela entre si, só faziam uma vaga ideia da maneira como as mesmas questões eram resolvidas nas cidades vizinhas. Não havia "a opinião", mas milhares de opiniões separadas, sem nenhum vínculo contínuo entre si.

Somente o livro, primeiro, e, em seguida *e* com uma eficácia bem maior, o jornal forneceram esse vínculo. A imprensa periódica permitiu formar um agregado secundário *e* muito superior, cujas unidades se associam estreitamente sem jamais se terem visto nem conhecido. Resultam daí diferenças importantes, entre elas as seguintes: nos grupos primários, as vozes mais *ponderantur* que *numerantur*, ao passo que, no grupo secundário *e* bem mais vasto em que as pessoas se juntam sem se ver, às cegas, as vozes só podem ser contadas *e* não ponderadas. A imprensa, sem saber, ajudou portanto a criar o *poder do número* e a diminuir o do caráter, se não o da inteligência.

Ao mesmo tempo, ela suprimiu as condições que tornavam possível o poder absoluto dos governantes. Este, com efeito, era grandemente favorecido pela fragmentação local da opinião. Mais ainda, encontrava nessa fragmentação sua razão de ser e sua justificação. O que é um país cujas diversas regiões, cidades, aldeias não são ligadas por uma consciência coletiva de sua unidade de aspectos? Será realmente uma nação? Será algo mais que uma expressão geográfica ou, quando muito, política? Sim, é uma nação, mas apenas no sentido de que a submissão política das diversas partes de um reino a um mesmo chefe já é um começo de nacionalização. Na França de Felipe, o Belo, por exemplo, com exceção de raras ocasiões em que um perigo comum colocava no primeiro plano de todas as preocupações, em todas as cidades, em todos os feudos, o mesmo tema de inquietude geral, não havia *espírito público*, havia apenas *espíritos locais*, movidos separadamente por suas paixões ou ideias fixas. Mas o rei, através de seus funcionários, tinha conhecimento desses estados de alma tão diversos e, reunindo-os em si próprio, no conhecimento sumário que tinha deles e que servia de fundamento a seus desígnios, unificava-os deste modo.

Unificação bastante frágil, bastante imperfeita, dando ao rei apenas uma vaga consciência do que havia de geral nas preocupações locais. Seu *eu* era o único campo de mútua penetração destas. Quando os estados-gerais eram reunidos, um novo passo era dado no sentido dessa nacionalização das opiniões regionais e cantonais. Elas se encontravam, se reconheciam semelhantes ou dessemelhantes no cérebro de cada deputado, e o país inteiro, com os olhos voltados para seus representantes, interessando-se por seus trabalhos numa fraca medida, infinitamente menor do que em nossos dias, proporcionava então, excepcionalmente, o espetáculo de uma nação consciente de si mesma. E essa consciência intermitente, excepcional, era também bastante vaga, lenta e obscura. As sessões dos estados gerais não eram públicas. Em todo caso, na ausência de imprensa, os discursos não eram públicos e, não havendo também serviço de correios, as cartas não podiam suprir essa ausência dos jornais. Em suma, sabia-se, por notícias mais ou menos distorcidas, espalhadas de boca em boca, após semanas e meses, por viajantes a pé ou a cavalo, monges vagabundos, mercadores, que os estados-gerais haviam se reunido e haviam se ocupado de tais e tais assuntos. Eis tudo.

Observemos que os membros dessas assembleias, durante suas curtas e raras reuniões, formavam, eles também, um grupo local, núcleo de uma opinião local intensa, nascida do contágio de homem a homem, de relações pessoais, de influências recíprocas. E é graças a esse grupo local superior, temporário, eletivo, que os grupos locais inferiores, permanentes, hereditários, compostos de parentes ou amigos tradicionais nos burgos e nos feudos, sentiam-se unidos num feixe passageiro.

O desenvolvimento dos correios, multiplicando as correspondências, inicialmente públicas depois privadas, o desenvolvimento das estradas, multiplicando os novos contatos de indivíduo a indivíduo, o desenvolvimento de exércitos permanentes, fazendo conhecerem-se e confraternizarem-se nos mesmos campos de batalha soldados de todas as províncias, enfim, o desenvolvimento da corte, chamando ao centro monárquico da nação a elite da nobreza de todos os pontos do território, tiveram por efeito elaborar gradativamente o espírito público. Mas estava reservada à máquina de imprimir a realização mais elevada dessa grande obra. Coube à imprensa, tendo chegado à fase do jornal, tornar nacional, europeu, cósmico tudo aquilo de local que, outrora, qualquer que fosse seu interesse intrínseco, teria permanecido desconhecido além de um raio limitado.

Um "belo crime" é cometido em algum lugar; imediatamente a imprensa apodera-se dele e, durante algum tempo, o público da França, da Europa, do mundo, não se ocupa senão de Gabrielle Bompard, de Prazini ou do caso do Panamá. O caso Lafarge, a propósito de um "uxoricídio" cometido num castelo do Limousin, foi um dos primeiros debates judiciários a receber da imprensa periódica, já adulta ou adolescente nessa época, uma dimensão nacional. Há um século e meio, quem teria falado de um caso semelhante fora dos limites do Limousin? Se se falou do caso Calas e de outros do mesmo tipo, foi em razão do imenso renome de Voltaire e do interesse extrajudiciário que as paixões da época atribuíam a essas causas famosas, interesse de modo algum local, mas, ao contrário, tipicamente geral, uma vez que se tratava, com ou sem razão, de erros judiciários que representavam um grande processo movido contra nossas instituições, contra nossa magistratura inteira. Direi outro tanto da comoção nacional suscitada em outros tempos pela questão dos Templários.

Pode-se afirmar que, até a Revolução Francesa, não houve nenhum belo crime de direito comum, não político, não explorado por sectários, pelo qual a França inteira se sentisse apaixonada.

A crônica judiciária, tal como a conhecemos, elemento infelizmente tão importante hoje em dia da consciência coletiva, da opinião, a crônica judiciária faz, sem nenhum alarde e por pura indiscrição desinteressada ou curiosidade teatral, convergir durante semanas inteiras os olhares de inumeráveis espectadores dispersos, imenso e invisível Coliseu, para um mesmo drama criminal.

Esse espetáculo cruel, o mais indispensável e o mais apaixonante de todos para os povos contemporâneos, era desconhecido de nossos antepassados. Nossos avós foram os primeiros a começar a apreciá-lo.

Procuremos ser mais precisos. Numa grande sociedade dividida em nações, subdividida em províncias, em feudos, em cidades, houve sempre, antes mesmo da imprensa, uma opinião internacional, suscitada de tempos em tempos; abaixo desta, opiniões nacionais, intermitentes também, porém mais frequentes; e abaixo desta, opiniões regionais e locais mais ou menos contínuas. Eis aí os estratos superpostos do espírito público. Só que a proporção dessas diversas camadas, enquanto importância, enquanto espessura, variou consideravelmente, e é fácil perceber em que sentido. Quanto mais recuamos no passado, mais a opinião local é dominante. Nacionalizar pouco a pouco e inclusive internacionalizar cada vez mais o espírito público, foi essa a obra do jornalismo.

O jornalismo é uma bomba aspirante-premente de informações que, recebidas de todos os pontos do globo, cada manhã, são, no mesmo dia, propagadas a todos os pontos do globo no que elas têm ou parecem ter de interessante ao jornalista, tendo em vista o objetivo que ele persegue e o partido do qual é a voz. Suas informações, em realidade, são impulsos gradativamente irresistíveis. Os jornais começaram por exprimir a opinião, inicialmente a opinião local de grupos privilegiados, uma corte, um parlamento, uma capital, dos quais reproduziam os mexericos, as discussões, os discursos; acabaram por dirigir e modelar a opinião quase a seu bel-prazer, impondo aos discursos e às conversações a maior parte de seus temas cotidianos.

Não se saberá, não se imaginará jamais até que ponto o jornal transformou, enriqueceu e nivelou ao mesmo tempo, *unificou no espaço* e *diversificou no tempo* as conversações dos indivíduos, mesmo dos que não leem jornais, mas que, conversando com leitores de jornais, são forçados a seguir a trilha de seus pensamentos de empréstimo. Basta uma pena para pôr em movimento milhões de línguas.

Os parlamentos *antes da imprensa* diferiam tão profundamente dos parlamentos *depois da imprensa* que só parecem ter em comum com estes o nome. Diferiam por sua origem, pela natureza de seu mandato, por seu funcionamento, pela extensão *e* eficácia de sua ação. Antes da imprensa, os deputados das Cortes, das Dietas, dos estados-gerais não podiam exprimir a opinião, que não existia ainda; exprimiam apenas opiniões locais, de uma natureza bem diferente, como sabemos, ou tradições nacionais. Essas assembleias não eram mais que uma justaposição de opiniões heterogêneas, que diziam respeito a questões particulares e diferentes e que, pela primeira *vez*, percebiam suas dissonâncias ou seus acordos. Tais opiniões locais tomavam assim, umas em relação às outras, uma consciência que era também inteiramente local, encerrada num pequeno recinto, ou só se irradiando com alguma intensidade na cidade onde essas reuniões tinham lugar. Assim, quando essa cidade era uma capital como Londres ou Paris, seu conselho municipal podia crer-se autorizado a rivalizar em importância com a Câmara dos deputados da nação, o que explica, durante a própria Revolução Francesa, as pretensões exorbitantes da Comuna de Paris, desafiando ou subjugando a Constituinte, a Assembleia nacional, a Convenção. E que a imprensa, então desprovida das asas imensas que as estradas de ferro e os telégrafos lhe proporcionaram, só podia pôr o Parlamento em comunicação rápida e intensa com a opinião parisiense. Atualmente, todo parlamento europeu, graças à imprensa adulta, está em contato contínuo e instantâneo, em relação viva de ação e reação recíprocas com a opinião, não mais de uma única grande cidade, mas de todo o país, do qual ele é ao mesmo tempo uma das manifestações e uma das excitações principais, o espelho côncavo e o espelho convexo. Em vez de justapor espíritos locais e distintos, ele faz com que se interpenetrem as expressões múltiplas, as facetas variadas, de um mesmo espírito nacional.

Os parlamentos antigos eram grupos de mandatos heterogêneos, relativos a interesses, a direitos, a princípios distintos; os parlamentos novos são grupos de mandatos homogêneos, ainda que contraditórios, envolvidos em preocupações idênticas e conscientes de sua identidade. Além disso, os deputados antigos eram dessemelhantes entre si pelas particularidades originais de seus modos de eleição, todos baseados no princípio da desigualdade e da diferença eleitorais dos diversos indivíduos, no caráter eminentemente pessoal do direito de sufrágio. O poder do número ainda não nascera nem era reconhecido legítimo; e, por esse motivo, nas deliberações das assembleias eleitas desse modo, a simples maioria numérica não era vista por ninguém como tendo força de lei.

Nos Estados mais "atrasados", a unanimidade era requerida e a vontade de todos os deputados menos um era impugnada pela oposição do único dissidente. Assim, nem para o recrutamento dos representantes, nem para sua atuação, a lei do número era concebida ou concebível antes do desabrochar da imprensa e da nacionalização da opinião. Depois, nenhuma outra lei parece ser imaginável; a despeito de todos os perigos e todos os absurdos que implica, o sufrágio universal impõe-se pouco a pouco por toda parte, na expectativa de que ele próprio tenha a sabedoria de reformar-se; e, a despeito de objeções evidentes, admite-se que todo o mundo deve curvar-se perante a mais grave decisão votada pela metade das vozes mais uma.

O sufrágio universal e a onipotência das maiorias parlamentares só foram possíveis pela ação prolongada e acumulada da imprensa, condição *sine qua non* de uma grande democracia niveladora; não digo de uma pequena democracia limitada às muralhas de uma cidade grega ou a um cantão suíço.

As diferenças que acabo de indicar explicam uma outra, a saber: a soberania inerente aos parlamentos *depois da imprensa* e à qual os parlamentos *antes da imprensa* jamais tiveram a ideia de pretender. Eles só puderam ser iguais e depois superiores ao rei quando, na mesma medida e, depois, melhor que o rei, encarnaram a consciência nacional, quando acentuaram, exprimindo-as, a opinião e a vontade gerais já nascidas que participavam, por assim dizer, de suas deliberações e quando viveram com elas em tão íntima união que o monarca não podia continuar declarando-se sua única ou mais perfeita representação. Enquanto tais condições não foram preenchidas – e só o serão na era dos grandes Estados após o advento do jornalismo –, as assembleias mais populares, mesmo em épocas de revolução, não conseguiram persuadir os povos nem persuadir a si mesmas de que dispunham do poder soberano; e em presença de um rei vencido, desarmado, à mercê dessas assembleias, vemo-las respeitosamente transigirem com ele, julgando-se felizes por obter dele, de um João sem Terra, por exemplo, uma carta concedida, reconhecendo assim, não por superstição mas por razão, por uma razão de lógica social profunda e oculta, a necessidade de sua prerrogativa. As monarquias de antes da imprensa podiam e deviam ser mais ou menos absolutas, intangíveis e sagradas, porque eram a unidade nacional inteira; depois da imprensa, não podem mais sê-lo, porque a unidade nacional se fez fora delas e melhor do que por elas. Podem no entanto subsistir, mas tão diferentes das monarquias antigas quanto os parlamentos contemporâneos o são dos parlamentos passados. O monarca de outrora tinha por mérito supremo *constituir* a unidade e a consciência da nação; o monarca de hoje não pode mais ter outra razão de ser do que *exprimir* essa unidade constituída fora dele pela continuidade de uma opinião nacional consciente de si própria e conformar-se a ela ou curvar-se sem submeter-se a ela.

Para concluir sobre o papel social da imprensa, não é aos grandes progressos da imprensa periódica que devemos sobretudo a delimitação mais nítida e mais ampla, o sentimento novo e mais acusado das nacionalidades que caracteriza politicamente nossa época contemporânea? Não foi ela que fez crescer, juntamente com nosso internacionalismo, nosso nacionalismo, que parece ser a negação daquele e poderia muito bem não ser mais que seu complemento? Se o nacionalismo crescente, em lugar do lealismo decrescente, tornou-se a nova forma de nosso patriotismo, não devemos atribuí-lo a essa força terrível e fecunda? Pode ser espantoso ver, à medida que os Estados misturam-se e imitam-se mutuamente, assimilam-se e unificam-se moralmente, a demarcação das nacionalidades aprofundarem-se e suas oposições mostrarem-se inconciliáveis. Não se compreende, à primeira vista, esse contraste do século XIX nacionalista com o cosmopolitismo do século precedente. Mas esse resultado, de aspecto paradoxal, é o mais lógico do mundo. Enquanto se ativava e se multiplicava a troca de mercadorias, ideias, exemplos de todo tipo entre povos vizinhos ou distantes, a das ideias, em particular, progredia muito mais rapidamente ainda, graças aos jornais, entre os indivíduos de cada povo que falava a mesma língua. Assim, embora a *diferença absoluta* das nações tivesse diminuído por esse motivo, sua diferença relativa e consciente aumentara. Observemos que os limites geográficos das nacionalidades, em nossa época, tendem cada vez mais a confundir-se com os das línguas principais. Há Estados em que a luta das línguas e a luta das nacionalidades são uma só. A razão disso é que o sentimento nacional foi reavivado pelo jornalismo e que a irradiação realmente eficaz dos jornais se detém nas fronteiras do idioma no qual são escritos.

A influência do livro, que precedeu a do jornal e que tanto no século XVIII como no XVII foi dominante, não podia produzir os mesmos efeitos; pois, se o livro fazia sentir também a todos os que o liam na mesma língua sua identidade filológica, nele não estavam em jogo questões *atuais* e simultaneamente apaixonantes para todos. A existência nacional é bem atestada pelas literaturas, mas são os jornais que inflamam a *vida* nacional, que excitam os movimentos de conjunto dos espíritos e das vontades em suas flutuações grandiosas cotidianas. Ao invés de buscar seu interesse próprio na atualidade concreta dessas informações, como o jornal, o livro procura interessar-se antes de tudo pelo caráter *geral* e abstrato das ideias que oferece. Ele é, portanto, mais apto a suscitar uma corrente humanitária, como o fez nossa literatura do século XVIII, do que uma corrente nacional ou mesmo internacional. Pois internacional e humanitário são duas coisas distintas: uma federação europeia, da qual nossos internacionalistas são capazes de fazer uma noção bastante positiva, nada têm em comum com "a humanidade" divinizada pelos enciclopedistas, cujas ideias foram dogmatizadas por Augusto Comte nesse ponto. Consequentemente, é lícito pensar que o caráter cosmopolita e abstrato das tendências do espírito público, no momento em que surge a Revolução de 1789, se deve à preponderância do livro sobre o jornal como educador da opinião.

A conversação

Acabamos de lançar uma primeira vista de olhos, rápida e dispersa, sobre nosso tema para dar uma ideia de sua complexidade. Após termos definido a opinião, preocupamo-nos sobretudo em mostrar suas relações com a imprensa. Mas a imprensa é somente uma das causas da opinião, e uma das mais recentes. Se a estudamos em primeiro lugar, é porque ela está mais à vista. Mas convém estudar agora e mais extensamente, por ser um domínio inexplorado, o fator da opinião que já reconhecemos ser o mais contínuo e universal, sua pequena fonte invisível que escoa em todo tempo e em todo lugar com um fluxo desigual: a conversação. Inicialmente, a conversação de uma elite. Numa carta de Diderot a Necker, em 1775, encontro esta definição muito justa: "A opinião, esse móbil do qual conhecemos toda a força para o bem e para o mal, não é, em sua origem, mais que o efeito de um pequeno número de homens que falam após terem pensado e que formam sem cessar, em diferentes pontos da sociedade, centros de instrução a partir dos quais os erros e as verdades discutidos ganham pouco a pouco os últimos confins da cidade, onde se estabelecem como artigos de fé." Se não se conversasse, ainda que os jornais surgissem – e não se concebe nessa hipótese sua publicação –, não exerceriam sobre os espíritos nenhuma ação duradoura e profunda, seriam como uma corda vibrante sem base de harmonia; ao contrário, na ausência de jornais e mesmo de discursos, a conversação, se conseguisse progredir sem esses alimentos, o que também é difícil conceber, poderia, a longo prazo, suprir numa certa medida o papel social da tribuna e da imprensa como formadora da opinião.

Por conversação, entendo todo diálogo sem utilidade direta e imediata, em que se fala sobretudo por falar, por prazer, por distração, por polidez. Essa definição exclui de nosso tema tanto os interrogatórios judiciários como as negociações diplomáticas ou comerciais, os concílios e até mesmo os congressos científicos, embora se caracterizem por muito falatório supérfluo. Ela não exclui o flerte mundano nem as conversas amorosas em geral, apesar da transparência frequente de seu objetivo que não as impede de serem agradáveis por si mesmas. Ela compreende, além disso, todas as conversas de luxo inclusive entre bárbaros e selvagens. Se eu só me ocupasse da conversação polida e cultivada como uma arte especial, não deveria fazê-la remontar, ao menos depois da Antiguidade clássica, a muito antes do século XV na Itália, do XVI ou do XVII na França e, depois, na Inglaterra, do XVIII na Alemanha. Contudo, muito antes do desabrochar dessa flor estética das civilizações, seus primeiros botões começaram a mostrar-se na árvore das línguas; e por serem menos fecundos que as conversas de uma elite em resultados visíveis, os intercâmbios terra a terra dos primitivos não deixam de ter sua grande importância social.

Jamais, exceto em duelo, observa-se alguém com toda a força de atenção de que é capaz como ao se conversar com ele. Eis aí o mais constante, o efeito mais importante, e menos notado, da conversação. Ela marca o apogeu da *atenção espontânea*[3] que os homens se prestam reciprocamente e pela qual se interpenetram com profundidade infinitamente maior do que em qualquer outra relação social. Ao colocá-los em contato, faz com que se comuniquem por uma ação tão irresistível quanto inconsciente. Por conseguinte, ela é o agente mais poderoso da imitação, da propagação dos sentimentos, das ideias, dos modos de ação. Um discurso arrebatador e aplaudido é com frequência menos sugestivo, porque confessa a intenção de sê-lo. Os interlocutores agem uns sobre os outros[4] de muito perto, pelo timbre de voz, o olhar, a fisionomia, os passes magnéticos dos gestos, e não apenas pela linguagem. Diz-se com razão, de um bom conversador, que ele é um *sedutor* no sentido mágico da palavra. As conversações telefônicas, privadas da maior parte desses elementos de interesse, têm por característica serem maçantes quando não são puramente utilitárias.

Esbocemos o mais brevemente possível a psicologia, ou, melhor dizendo, a sociologia da conversação. Quais são suas variedades? Quais foram suas fases sucessivas, sua história, sua evolução? Quais são suas relações com a paz social, com o amor, com as transformações da língua, dos costumes, das literaturas? Cada um desses as-

---

3. São conhecidos os estudos claros e profundos de Ribot sobre "a atenção espontânea", cuja importância ele mostrou.

4. Os déspotas sabem-no bem. Assim vigiam com desconfiança os contatos de seus súditos, impedindo-os ao máximo de conversar entre si. As donas de casa autoritárias não gostam de ver suas domésticas conversarem com domésticas estranhas, pois sabem que é assim que elas "se rebelam". Desde o tempo de Catão, o Antigo, as damas romanas se reuniam para tagarelar, e o severo censor vê com maus olhos esses pequenos círculos femininos, essas libertinagens de salões *feministas*. Nos conselhos a seu intendente, ele diz, a propósito da mulher deste: "Que ela tenha temor por ti, que não ame demasiadamente o luxo, que veja o menos possível suas vizinhas ou outras mulheres."

pectos de um tema tão vasto demandaria um volume. Não podemos ter a pretensão de esgotá-lo.

As conversações diferem muito conforme a natureza dos conversadores, seu grau de cultura, sua situação social, sua origem rural ou urbana, seus hábitos profissionais, sua religião. Diferem enquanto assuntos tratados, enquanto tom, enquanto cerimonial, enquanto rapidez de elocução, enquanto duração. Foi calculada a velocidade média da marcha dos pedestres nas diversas capitais do mundo, e as estatísticas publicadas mostraram a desigualdade bastante grande dessas velocidades, bem como a constância de cada uma delas. Estou convencido de que, se julgassem isso oportuno, seria possível do mesmo modo medir a rapidez de elocução própria de cada cidade, e que a descobririam muito desigual de uma cidade a outra, bem como de um sexo a outro. Parece que, à medida que nos civilizamos mais, caminhamos e falamos mais depressa. Em sua [*Viagem ao Japão*], Bellessort observa *"a lentidão das conversações japonesas*, os meneios de cabeça, os corpos imóveis ajoelhados em volta de um braseiro"*. Todos os viajantes notaram também o falar lento dos árabes e de outros povos primitivos. O futuro será dos povos de falar lento ou rápido? De falar rápido, provavelmente, mas valeria a pena, penso eu, tratar com uma precisão numérica esse aspecto de nosso tema, cujo estudo resultaria numa espécie de psicofísica social. Faltam elementos para isso, por enquanto.

A conversação tem um tom completamente diferente, inclusive uma rapidez completamente diferente, entre inferior e superior ou entre iguais, entre parentes ou entre estranhos, entre pessoas do mesmo sexo ou entre homens e mulheres. As conversações de cidade pequena, entre concidadãos que estão ligados uns aos outros por amizades hereditárias, são e devem ser muito diferentes das conversações de cidade grande, entre pessoas instruídas que se conhecem muito pouco. Tanto uns como outros falam do que há de mais conhecido e de mais comum entre eles no que se refere a ideias. Só que o que há de comum a esse respeito entre os últimos é comum também, por não se conhecerem pessoalmente, a uma grande quantidade de outras pessoas; daí sua tendência a conversar de assuntos gerais, a discutir ideias de interesse geral. Os primeiros, em troca, não têm ideias que lhes sejam mais comuns e ao mesmo tempo mais conhecidas do que as particularidades da vida e do caráter das outras pessoas de seu conhecimento; daí sua propensão ao mexerico e à maledicência. Se a maledicência é menor nos círculos cultivados das capitais, não é que neles a maldade ou a malignidade seja menor; ela encontra menos a seu alcance sua matéria-prima, a menos que se exerça, o que faz com frequência, sobre as figuras políticas em evidência ou sobre as celebridades teatrais. Aliás, esses *mexericos públicos* só são superiores aos mexericos privados, dos quais fazem as vezes, na medida em que interessam, por infelicidade, um número maior de pessoas.

Deixando de lado muitas distinções secundárias, distingamos antes de tudo a conversação-luta e a conversação-troca, a discussão e a mútua informação. Não é de duvidar, como veremos, que a segunda vai se desenvolvendo em detrimento da primeira. O mesmo se dá no curso da vida do indivíduo que, inclinado a discutir como a brigar durante sua adolescência e sua juventude, evita a contradição e busca a concordância dos pensamentos ao avançar em idade.

Distingamos também a conversação obrigatória – cerimonial regulamentado e ritual – e a conversação facultativa. Esta geralmente só ocorre entre iguais, e a igualdade dos homens favorece seus progressos tanto quanto contribui para diminuir o domínio da outra. Não há nada mais grotesco, se não o explicarmos historicamente, que a obrigação, imposta por decretos aos funcionários e por conveniências aos particulares, de fazerem ou receberem visitas periódicas durante as quais, sentados juntos, são forçados, durante meia hora ou uma hora, a se torturarem o espírito para falar sem dizer nada ou para dizer o que não pensam e não dizer o que pensam. A aceitação universal de tal constrangimento só se compreende se remontarmos às suas origens. As primeiras visitas feitas aos poderosos, aos chefes, por seus inferiores, aos suseranos por seus vassalos, tinham por objeto principal a doação de presentes, inicialmente espontâneos e irregulares, mais tarde costumeiros e periódicos, como Herbert Spencer demonstrou abundantemente. Ao mesmo tempo, era natural que elas fossem a ocasião de uma conversa mais ou menos curta, consistindo em cumprimentos hiperbólicos de uma parte, em agradecimentos protetores da outra[5]. Aqui a conversação não é mais que o acessório do presente, e é assim que ainda é compreendida por muitos camponeses das regiões mais atrasadas em suas relações com as pessoas de uma classe superior. Pouco a pouco esses dois elementos das visitas arcaicas se dissociaram, o presente tornando-se o imposto e a con-

---

5. O costume das visitas e o dos presentes estão ligados entre si; parece provável que a visita era apenas a consequência necessária do presente. A visita é, em suma, uma sobrevivência; o presente era sua razão de ser na origem, e ela sobreviveu a ele. Mas algo disso persiste. Nas visitas no interior, quando se vai à casa de anfitriões que têm filhos, ainda é costume em muitas regiões levar bombons, guloseimas. Os cumprimentos deviam ser outrora o simples acompanhamento dos presentes, do mesmo modo que a visita. E, após o desuso dos presentes, os cumprimentos igualmente subsistiram, mas pouco a pouco *mutualizados* e transformados em *conversação*.

versa desenvolvendo-se à parte, mas não sem conservar, mesmo entre iguais, algo de seu caráter cerimonioso de outrora. Daí essas fórmulas e formalidades sacramentais pelas quais toda conversação começa e acaba. Apesar de suas variantes, todas elas concordam em manifestar uma preocupação muito viva com a preciosa existência daquele a quem se fala, ou um desejo intenso de revê-lo. Essas fórmulas e formalidades, que vão se abreviando, mas que ainda assim continuam sendo a moldura permanente da conversação, imprimem nesta o selo de uma verdadeira instituição social.

Uma outra origem das conversações obrigatórias deve ter sido o tédio profundo que a solidão provoca nos primitivos e, em geral, nos iletrados quando têm tempo livre. O inferior impõe-se então o dever de ir, mesmo sem presente na mão, fazer companhia ao superior e conversar com ele para desentediá-lo. Tanto por esta origem como pela outra, o enquadramento ritual das conversas impostas explica-se sem dificuldade.

Quanto às conversações facultativas, sua fonte reside na sociabilidade humana que, em todos os tempos, brota em conversas livres entre pares e amigos.

Uma vez que nos referimos à evolução da conversação, não deveríamos buscar mais atrás seus primeiros germes? Sem dúvida nenhuma, embora eu não me sinta tentado a remontar até as sociedades animais, ao vozerio dos pardais nas árvores e ao tumultuoso grasnido dos corvos no ar. Mas podemos adiantar sem termos que, desde os mais antigos começos da linguagem articulada e gesticulada, o prazer de falar por falar, ou seja, em suma, de conversar, deve ter-se manifestado. A criação da fala é incompreensível se não admitirmos que a língua foi o primeiro luxo estético do homem, o primeiro grande emprego de seu gênio inventivo, que foi amada e adorada por si mesma, mais ainda como um objeto de arte ou como um brinquedo do que como um instrumento. A fala não teria nascido do canto, do canto dançado, do mesmo modo que a escrita, bem mais tarde, nasceu do desenho? É provável que, antes de se falarem quando se encontravam nas horas vagas, os homens primitivos tenham começado por cantar juntos ou por *se* cantarem um ao outro. Pode-se perceber um resíduo remanescente dessas conversações musicais nos cantos alternados dos pastores de églogas e também no costume ainda vivo dos esquimós de cantar contra alguém em vez de ridicularizá-lo. Seus cantos satíricos, igualmente alternados, duelos inofensivos e prolongados, desempenham o mesmo papel que as discussões animadas entre nós.

Uma outra conjetura me parece verossímil. Retomo minha comparação feita há pouco. Muito tempo antes de poder servir aos usos familiares, às correspondências entre amigos ou parentes, às conversações epistolares, a escrita só se prestou às inscrições lapidares, de origem religiosa ou monárquica, aos registros solenes ou aos mandamentos sagrados. Dessas alturas, por uma série de complicações e vulgarizações seculares, a arte de escrever desceu até o ponto em que o correio de cartas tornou-se indispensável. O mesmo acontece com a fala. Muito tempo antes de ser utilizável em conversação, ela só pôde ser um meio de exprimir as ordens e os avisos dos chefes ou as sentenças dos poetas moralistas. Em suma, a princípio ela era, necessariamente, um monólogo. O diálogo só veio depois, conforme a lei segundo a qual o unilateral sempre precede o recíproco.

A aplicação dessa lei ao tema de que tratamos é suscetível de várias significações igualmente legítimas. Em primeiro lugar, é provável que, na primeira aurora da

A OPINIÃO E A CONVERSAÇÃO

fala, na primeira família ou horda que ouviu os primeiros balbucios, foi um indivíduo mais dotado que os outros que teve o monopólio da linguagem; os outros escutavam, podendo já compreendê-lo com esforço, não podendo ainda imitá-lo. Esse dom especial deve ter contribuído para elevar um homem acima dos outros. Donde é possível inferir que o monólogo do pai falando a seus filhos ou a seus escravos, do chefe militar a seus soldados, foi anterior ao diálogo dos filhos, dos escravos e dos soldados entre si, ou com seu superior. Num outro sentido, oposto ao primeiro, o inferior mais tarde dirigiu-se ao superior para cumprimentá-lo, conforme já disse, antes que este se dignasse responder-lhe. Sem aceitar a explicação dada por Spencer sobre a origem dos cumprimentos, que seriam exclusivamente devidos, segundo ele, ao despotismo militar, devemos reconhecer que o cumprimento foi a relação unilateral que, ao mutualizar-se, à medida que a desigualdade se atenuava, tornou-se a conversação, aquela que chamei de obrigatória. A *prece* aos deuses, como o cumprimento aos chefes, é um monólogo ritual, pois o monólogo é natural ao homem e, sob a forma do salmo ou da ode, do lirismo de todos os tempos, representa a primeira fase da poesia religiosa ou profana. Convém observar que, ao desenvolver-se, a prece tende ao diálogo, como vemos na missa católica; e sabemos que os cantos a Baco foram o germe inicial da tragédia grega. A evolução desta nos mostra, pela sobrevivência do coro, cujo papel vai se reduzindo, muitos graus de transição entre o monólogo e o diálogo. A tragédia grega era, no início, e permaneceu até o fim uma cerimônia religiosa, que, como todas as cerimônias religiosas levadas a seu último termo de desenvolvimento nas religiões superiores, compreende ao mesmo tempo monólogos e diálogos rituais[6], preces e conversações. Mas a necessidade de conversar prevalece cada vez mais sobre a necessidade de rezar.

Em todos os tempos, os conversadores falam daquilo que seus sacerdotes ou professores, pais ou mestres, oradores ou jornalistas lhes ensinaram. É portanto dos monólogos pronunciados pelos superiores que se alimentam os diálogos entre iguais. Acrescentemos que, entre dois interlocutores, é raro os papéis serem de uma igualdade perfeita. Na maioria das vezes, um fala muito mais que o outro. Os diálogos de Platão são um exemplo disso. A passagem do monólogo ao diálogo verifica-se na evolução da eloquência parlamentar. Os discursos solenes, enfáticos, não interrompidos, eram habituais nos antigos parlamentos; eles são excepcionais nos novos parlamentos. As sessões das Câmaras de deputados assemelham-se cada vez mais a discussões, se não de salão, ao menos de associação ou de café. Entre um discurso da câmara francesa cortado de interrupções frequentes e certas conversações violentas, a distância é mínima.

Fala-se para ensinar, pedir, mandar ou, enfim, para questionar. Uma questão seguida de resposta já é um embrião de diálogo. Mas, se é sempre o mesmo que interroga e o outro que responde, esse interrogatório unilateral não é uma conversação, ou seja, um interrogatório recíproco, uma série e um entrelaçamento de perguntas e respostas, de informações trocadas, de objeções mútuas. A arte da conversação só pôde nascer após um longo aguçamento dos espíritos por séculos de exercícios preliminares iniciados já nos tempos mais remotos.

---

6. Nas cerimônias jurídicas da Roma primitiva (ações da lei) há também conversações rituais. Foram elas precedidas de monólogos?

A OPINIÃO E A CONVERSAÇÃO

Não é nos períodos mais antigos da pré-história que se deve ter conversado menos ou se exercitado menos em conversar. Como a conversação supõe, antes de tudo, horas vagas, uma certa variedade devida e ocasiões de reunião, a existência acidentada e frequentemente ociosa dos caçadores ou pescadores primitivos[7] que costumavam se reunir para caçar, pescar ou comer juntos o fruto de seus esforços coletivos deve sem dúvida ter sido favorável às disputas oratórias dos mais bem-falantes. Assim, os esquimós, caçadores e pescadores, ao mesmo tempo, conversam muito. Esse povo criança já conhece as visitas. "Os homens se reúnem à parte para conversar entre si, as mulheres se reúnem por seu lado e encontram seus temas de conversa nos mexericos, após terem lamentado os parentes mortos. As conversações durante as refeições podem durar horas inteiras e versam sobre a principal ocupação dos esquimós, isto é, sobre a caça. Em seus relatos, eles descrevem nos menores detalhes todos os movimentos do caçador e do animal. Ao contarem um episódio da caça à foca, representam com a mão esquerda os saltos do animal e com a direita todos os movimentos do kajak [o barco] e da arma."[8]

---

7. Na época paleolítica dita *da Madeleine*, em que florescia uma arte ingênua, em que tudo revela uma população pacífica e feliz (ver a esse respeito Mortillet, *La Formation de la nationalité française*), é provável que se deve ter conversado muito nas belas cavernas habitadas de então. Nas *Cartas edificantes* frequentemente se observa o gosto dos selvagens caçadores da América, e sobretudo de suas mulheres, pela conversação. Uma jovem selvagem convertida é louvada por um missionário por evitar perder seu tempo nas "numerosas visitas" que as mulheres do país (Canadá) se fazem. Em outra parte é dito que essa jovem era louvada, apesar da inclinação que os selvagens têm "de maldizer". Os illinois, nos diz uma outra carta, "não carecem de espírito, fazem gracejos de um modo bastante engenhoso".

8. Tenicheff, *L'Activité de l'homme*, 1898.

A vida pastoril oferece tantas horas vagas quanto a caça, porém é mais regulada e monótona, dispersa durante mais tempo os homens. Os pastores árabes ou tártaros, mesmo os nômades, são silenciosos. E, se as bucólicas de Virgílio e de Teócrito parecem indicar o contrário, não esqueçamos que esses dois poetas descreveram os costumes de pastores civilizados pela vizinhança das grandes cidades. Mas, por outro lado, a vida pastoril está ligada ao regime patriarcal em que se pratica a virtude da hospitalidade, que poderia ser – do mesmo modo que a hierarquia social, nascida também nessa fase social – a origem da conversação obrigatória.

Uma das causas que mais devem ter retardado o advento da conversação, antes de estabelecer-se uma forte hierarquia social, é que os homens incultos, entre iguais, são levados a falar todos ao mesmo tempo e a se interromperem a todo instante[9]. Não há falta mais difícil de corrigir entre as crianças. Deixar o interlocutor falar é um traço de polidez que a princípio só adotamos em favor de um superior, a menos que seja praticado em relação a todo o mundo quando o hábito foi adquirido. Portanto,

---

9. Em sua viagem à Tripolitânia (1840), Pesant ficou impressionado com o falatório ensurdecedor das audiências de um bei: "Os mamelucos e os negros", diz ele, "intrometiam-se na discussão e acabavam falando todos ao mesmo tempo, o que produzia um vozerio que me deixou aturdido da primeira vez que assisti a esses debates. Perguntei por que o bei enfrentava tantos obstáculos em suas decisões e *quais eram os motivos dessas ruidosas discussões*: não podendo responder-me categoricamente, *disseram-me que era o modo de argumentar entre eles*". Há exceções. Segundo as *Cartas edificantes*, os *illinois* eram excepcionalmente dotados para a arte da conversação. "Eles sabem gracejar sem ofender, não costumam desavir-se nem exaltar-se ao conversarem. Jamais interrompem alguém na conversação. Os homens, dizem-nos, levam uma vida perfeitamente ociosa; conversam fumando cachimbo, e é tudo. As mulheres trabalham, mas tampouco deixam de tagarelar."

esse hábito não poderia generalizar-se num país, a não ser através de uma disciplina anterior bastante longa. Eis por que convém, penso eu, fazer proceder das conversações obrigatórias, e não das conversações facultativas, os progressos na arte de conversar tal como a conhecemos.

Desse ponto de vista, a vida agrícola, a única a permitir a constituição de cidades e Estados fortemente governados, deve ser considerada como tendo feito progredir a conversação, muito embora, pela dispersão maior dos indivíduos, a monotonia de seus trabalhos e a restrição de seus lazeres, ela tenha contribuído para torná-los com frequência taciturnos. A vida industrial, reunindo-os na fábrica e nas cidades, estimulou sua tendência a conversar.

Muito se falou de uma certa lei da *recapitulação*, segundo a qual as fases que o espírito da criança atravessa na formação gradual seriam, numa certa e vaga medida, a repetição abreviada da evolução das sociedades primitivas. Se há algo de verdadeiro nessa ideia, o estudo da conversação nas crianças ajudaria a decifrar o que foi a conversação nos primeiros períodos da humanidade. Ora, durante muito tempo antes de dialogar, as crianças começam por *questionar*. Esse interrogatório a que submetem seus pais e outros adultos é, para elas, a primeira forma, unilateral, de conversa. Mais tarde, tornam-se narradores e ouvintes de *histórias*, ou alternadamente narradores e ouvintes. Numa fase posterior, enfim, fazem comentários, exprimem observações gerais que são embriões de *discurso*; e, quando o discurso por sua vez se mutualiza, temos a discussão e, depois, a conversação. A criança, com efeito, é por muito tempo crédula antes de ser contraditara. Há, para ela, uma fase de contradição como houve anteriormente uma fase de interrogação.

Questionar, narrar, discorrer, discutir, tudo isso é o exercício intelectual da criança. O exercício voluntário precede.

A criança é *comandada* e *comanda* muito tempo antes de ser *ensinada* e *ensinar*. O imperativo tem mais importância do que o indicativo. A criança briga antes de discutir e, inclusive, de contestar; sente a oposição dos desejos de outrem antes de sentir a dos juízos de outrem. Só pode sentir a oposição desses desejos e, depois, dessas crenças após ter sofrido seu contágio. Sua docilidade e sua credulidade são a condição prévia e necessária de seu espírito de desobediência e de contradição. A criança é, portanto, contendora e conversadora por ser, antes e acima de tudo, imitadora.

Se conjeturarmos, a partir dessas observações, o que deve ter sido o passado da conversação nas raças humanas, inferiremos primeiro que, apesar de sua grande antiguidade pré-histórica, ela não poderia remontar às origens da humanidade. Deve ter sido precedida, não apenas de um longo período de imitação silenciosa, mas também, mais tarde, de uma fase em que se gostava de narrar, ou de ouvir narrar, não de conversar. É a fase das epopeias. Por mais que os gregos fossem uma raça loquaz por excelência, ainda assim é verdadeiro que, no tempo de Homero, conversava-se pouco, quando muito para *questionar-se*. Todas as conversações eram úteis. Os heróis homéricos são *grandes narradores* mas *muito pouco conversadores*. Ou então suas conversas não passam de narrativas alternadas. "Nos primeiros clarões da aurora", diz Menelau na Odisseia (canto IV), "Telêmaco e eu trocaremos longos discursos e iremos nos entreter mutuamente." Trocar longos discursos: é o que se chamava conversar, nessa época.

Mesmo as únicas conversações aparentemente ociosas são, naquele tempo, utilitárias: as dos amantes. Heitor, hesitando em procurar Aquiles para propor-lhe condições de paz, termina por dizer-se: "não irei ter com esse homem, ele não teria nenhuma compaixão por mim. Não é o momento de conversar com ele sobre o carvalho e o rochedo, como os jovens e as jovens fazem entre si. Mais vale combater". Rapazes e moças já se *cortejavam* portanto, e seu flerte consistia em falar "do carvalho e do rochedo", isto é, aparentemente de superstições populares. É apenas ao civilizarem-se, na época de Platão, que os gregos se comprazem em dialogar para passar o tempo sob os álamos que margeiam o Ilisso. À diferença das epopeias antigas e, também, das canções de gesta, em que as conversações são tão espaçadas, os romances modernos, a começar pelos de Mademoiselle de Scudéry, distinguem-se pela abundância, sempre crescente, dos diálogos.

Para compreender bem as transformações históricas da conversação, é essencial analisar mais de perto suas causas. Ela tem causas linguísticas: uma língua rica, harmoniosa, matizada, predispõe à tagarelice. Ela tem causas religiosas: seu curso modifica-se conforme a religião nacional limite mais ou menos a liberdade das conversas, proíba com maior ou menor severidade o galanteio, a maledicência, a "libertinagem de espírito", oponha-se ou não ao progresso das ciências e à instrução popular, imponha ou não a regra do silêncio a certos grupos, monges cristãos ou confrarias pitagóricas, e ponha em moda este ou aquele tema de discussão teológica: a encarnação, a graça, a imaculada conceição[10]. Ela tem causas po-

---

10. Ao passar pelo sul da Espanha, Dumont d'Urville observa o que segue: "As touradas e as discussões sobre a imaculada conceição, discussões que se originaram nos mosteiros da província, ocupam os espíritos com exclusão de todo o resto." Atualmente, ele encontraria todo o mundo mergulhado na política, único assunto de conversações, na Espanha como em todas as repúblicas espanholas da América do Sul.

líticas: numa democracia, alimenta-se dos temas que a tribuna ou a vida eleitoral lhe fornecem; numa monarquia absoluta, de temas de crítica literária ou de observações psicológicas, na falta de outros mais importantes que a lei de lesa-majestade torna perigosos. Ela tem causas econômicas[11], das quais já indiquei a principal: o ócio, a satisfação de necessidades mais urgentes. Não há, em uma palavra, um aspecto da atividade social que não esteja em relação íntima com ela e cujas modificações não a modifiquem. Indico simplesmente como registro a influência que podem ter sobre a conversação certas particularidades de costumes de um interesse menor. O tom e o andamento das conversas são influenciados pela atitude do corpo enquanto se fala. As conversações *sentadas* são mais refletidas, mais substanciais; são também, entre nós, as mais frequentes, mas não na corte de Luís XIV, em que o privilégio do banquinho, sendo concedido apenas às duquesas, obrigava a se conversar de pé. Os antigos, em seus *triclinia*, apreciavam sobretudo a con-

---

11. Um dos maiores obstáculos ao estabelecimento de sociedades cooperativas de consumo, que apresentam vantagens tão manifestas ao consumidor, são, segundo um excelente observador, "os hábitos de mexericos que se praticam nas vendas. Ali é o ponto de encontro onde se trocam as notícias do bairro, onde se exerce essa tagarelice miúda tão cara às mulheres e que as liga aos fornecedores. É inclusive essa disposição das mulheres que decide certas sociedades (por exceção) a vender *ao público* (e não apenas aos associados), porque, então, o armazém não tem mais um aspecto particular, e as mulheres julgam vir a uma venda qualquer". Percebemos por aí quanto é forte e irresistível a corrente das conversações, uma vez lançada. Tem-se outra prova disso na dificuldade reconhecida de guardar um segredo, quando se sabe que este é capaz de interessar a um interlocutor, mesmo que haja interesse em calar-se. Essa dificuldade, tão grande às vezes, serve para avaliar a força da inclinação simpática, da necessidade de comunicação mental com nossos semelhantes.

versação *deitada*[12], que devia ser bastante agradável, se julgarmos com base na lentidão característica, no encanto difuso e fluido dos diálogos escritos que eles nos deixaram. Mas as conversações *ambulantes* dos peripatéticos marcam um movimento de espírito mais vivo e animado. É certo que o discurso de pé difere profundamente, por seu caráter mais acentuado de solenidade, do discurso sentado, mais familiar e curto. Quanto ao discurso deitado e ao discurso ambulante, não sei de outros exemplos. Outra observação. Com muita frequência, e tanto mais frequentemente quanto mais próximo da vida primitiva, os homens e as mulheres, sobretudo as mulheres, só conversam entre si fazendo outra coisa, seja entregando-se a um trabalho fácil, como fazem os camponeses que, nos serões, descascam legumes enquanto as mulheres fiam, costuram ou tricotam, seja comendo ou bebendo num café etc. Sentar-se defronte uns dos outros com a intenção expressa e exclusiva de conversar é um refinamento da civilização. É claro que a ocupação a que as pessoas se entregam enquanto conversam não deixa de ter influência sobre a maneira de conversar. Outro tipo de influência: a conversação da manhã sempre difere um pouco daquela da tarde ou da noite. Em Roma, onde durante o Império as visitas ocorriam pela manhã, nada comparável às conversas dos nossos *five o'clock* podia ser conhecido. Não vamos nos deter nessas insignificâncias[13].

---

12. Não a confundamos com aquela de que nos fala Dumont d'Urville, a propósito das ilhas do Havaí: "Entre os costumes bizarros da região", diz ele, "convém citar o modo como se pratica a conversação, deitado *de bruços* sobre esteiras".

13. Em seu livro *Les Français d'aujourd'hui*, que parece criado e trazido à luz expressamente para servir de pedra de toque decisiva a suas ideias gerais, Demolins explica, pela influência da oliveira e do casta-

Antes de tudo, é preciso considerar o tempo que se pode dedicar a conversar, o número e a natureza das pessoas com quem se pode conversar, o número e a natureza dos assuntos de que se pode conversar. O tempo em que se pode conversar aumenta com os lazeres que a riqueza proporciona, através dos aperfeiçoamentos da produção. O número das pessoas com quem se pode conversar estende-se à medida que a multiplicidade original das línguas diminui e que seu domínio aumenta[14]. O número dos assuntos de conversação cresce quando as ciências progridem e se difundem, quando as informações de todo tipo multiplicam-se e aceleram-se. Enfim, pela mudança dos costumes num sentido democrático, não é apenas o número dos interlocutores possíveis que aumenta, é sua qualidade que varia. As diversas camadas sociais entram mais livremente em conversação; e, pela emigração do campo às cidades, pela elevação do nível médio da instrução geral, a natureza das conversas torna-se inteiramente diferente, novos assuntos substituem os antigos. Em suma, falar a mesma língua, ter conhecimentos e ideias comuns, estar de folga, eis aí as condições necessárias da conversação. Portanto, tudo o que unifica as línguas e as enriquece, tudo o que unifica, complicando-as, as educações e as instruções, tudo o que

---

nheiro, o gosto dos meridionais pelas conversações e sua tendência às hipérboles.

14. Aumenta também, é claro, com o número e a densidade da população. Conversa-se muito menos – *caeteris paribus* [ficando iguais às demais coisas] no campo do que na cidade; a emigração do campo para as cidades favorece portanto a conversação e faz com que ela se transforme. Mas, nas cidades pequenas, onde abundam os ociosos e todo o mundo se conhece, não se conversa mais que nas cidades? Não, pois faltam assuntos. A conversação que ali merece esse nome não é mais que o eco da conversação das grandes cidades.

A OPINIÃO E A CONVERSAÇÃO

aumenta os lazeres abreviando o trabalho mais produtivo, mais bem secundado pelas forças naturais, contribui para o progresso da conversação.

Percebemos deste modo a ação imensa que tiveram sobre ela as invenções capitais de nosso século. Graças a estas, a imprensa pôde inundar o mundo inteiro e embebê-lo até as últimas camadas populares. E a maior força que rege as conversações modernas é o livro, é o jornal. Antes do dilúvio de ambos, nada era mais diferente, de uma aldeia a outra, de um país a outro, que os temas, o tom, o andamento das conversas, nem mais monótono, em cada um deles, de um tempo a outro. No presente ocorre o inverso. A imprensa unifica e vivifica as conversações, uniformiza-as no espaço e diversifica-as no tempo. Todas as manhãs, os jornais servem a seu público a conversação do dia. Pode-se estar mais ou menos certo a cada instante do tema das conversas entre os frequentadores de um círculo, de uma sala de fumar, dos saguões dos tribunais. Mas esse tema muda diariamente ou toda semana, exceto nos casos, felizmente bastante raros, de *obsessão* nacional ou internacional por um tema fixo. Essa similitude crescente das conversações simultâneas num domínio geográfico cada vez mais vasto é uma das características mais importantes de nossa época, pois explica em grande parte o poder crescente da opinião contra a tradição e a própria razão; e essa dessemelhança crescente das conversações sucessivas nos explica do mesmo modo a mobilidade da opinião, contrapeso de seu poder[15].

---

15. Mas, semelhantes ou mutáveis, elas atestam assim um progresso imenso do ponto de vista social, pois a fusão das classes e das profissões, a unidade moral da pátria, só pode ser verdadeira a partir do momento em que uma conversação elevada torna-se possível entre indivíduos pertencentes às classes e às profissões mais diferentes. Devemos esse benefício – em paga de quantos males – à imprensa cotidiana.

Façamos uma nota bem simples, mas que tem sua importância. Não foi à força de conversar, espontaneamente, que a conversação evoluiu. Não. Foi preciso que novas ocasiões e novas fontes de conversação viessem a surgir como decorrência, em parte acidental, em parte lógica, das descobertas geográficas, físicas, históricas, das invenções agrícolas ou industriais, das ideias políticas ou religiosas, das obras literárias ou artísticas. Foram essas novidades que, brotando em alguma parte uma após a outra, vulgarizadas em grupos de elite antes de propagarem-se alhures, civilizaram e transformaram a arte da conversação, fazendo com que nela fossem desprezadas certas formas arcaicas de conversa, ditos picantes, pilhérias, preciosidades ridículas. Se, portanto, por *evolução* da conversação entendêssemos um desenrolar contínuo e espontâneo, cometeríamos um erro. E essa observação é aplicável a todos os tipos de evolução, os quais, se examinarmos de perto, deixam-se resolver por inserções intermitentes, por enxertos sucessivos e superpostos, de novos germes. Numa cidade pequena, hipoteticamente privada da leitura de jornais e sem comunicação fácil com o exterior, como durante o Antigo Regime, por mais que se converse indefinidamente, a conversação nunca se eleva espontaneamente acima da fase do mexerico. Sem a imprensa, por mais tagarelas que fossem os fidalgos do campo, eles quase nunca falariam de outra coisa a não ser de caça ou de genealogia, e os magistrados mais conversadores só falariam de direito ou de "movimentos da alçada", como os oficiais da cavalaria alemã, segundo Schopenhauer, só falam de mulheres e cavalos.

A propagação de certo modo ondulatória, gradativamente assimiladora e civilizadora da imitação, da qual a conversação é um dos agentes mais maravilhosos, explica sem dificuldade a necessidade da dupla tendência que a evolução da conversação acaba de nos revelar ao primeiro exame, a saber: de um lado a progressão numérica dos interlocutores possíveis e das conversações similares reais; de outro, em razão dessa mesma progressão, a passagem de temas limitados, que só interessam a um pequeno grupo, a assuntos cada vez mais elevados e gerais[16]. Mas, se essa dupla vertente é a mesma por toda a parte, nada impede que o curso *das* evoluções da conversação seja tão distinto de uma nação a outra, de uma civilização a outra, quanto o traçado do Nilo ou do Reno o é em relação ao do Ganges ou do Amazonas. Os pontos de partida são múltiplos, como vimos, os caminhos e o ponto de chegada, se é que existe chegada, não são menos diversos. Não é em toda parte que encontramos bobos da corte, cujos gracejos ineptos tanto divertiram a Idade Média, nem castelos de Rambouillet, cujo aparecimento teve por efeito tornar insuportáveis

---

16. Antes do século XVIII, não se compreenderia um *salão* como o de Holbach. O de Madame de Rambouillet era um salão *literário* e *precioso*, sem a menor liberdade de espírito, onde só havia um pouco de liberdade na conversação amorosa e galante (e olhe lá!), ao passo que no salão de Holbach presenciava-se, diz Morellet, "a conversação mais livre, mais instrutiva e animada que jamais existiu. Quando digo livre, refiro-me a questões de filosofia, religião e governo, pois os gracejos livres de outra natureza estavam banidos". Exatamente o contrário ocorria no século XVI e na Idade Média: o *dito picante* era a emancipação das conversações em matéria de relações sexuais, prevalecendo sobre qualquer outra liberdade. O salão de Holbach, como o de Helvétius e os de todo o final do século XVIII, reuniam conversadores de toda classe e nacionalidade, ecletismo que não teria sido possível antes. Pela grande diversidade de origem dos conversadores, como pela extrema variedade e liberdade de seus assuntos de conversa, esses salões difeririam muito dos anteriores.

os Triboulet* [17]. Na França, o desaparecimento desses caricatos e enfadonhos bufões é, com certeza, o melhor sinal dos progressos da conversação. O último bobo foi Angly, no reinado de Luís XIII. Mas em Roma, em Atenas, no Extremo Oriente, nada de semelhante aconteceu.

Terá sido nos galanteios, terá sido nas negociações diplomáticas, terá sido nas discussões de igreja ou de escola que a arte de conversar veio a tomar consciência de si própria? Depende dos países. A conversação italiana expandiu-se sobretudo pela diplomacia, a conversação francesa pelos galanteios das cortes, a conversação ateniense pelas argumentações sofísticas, as conversações romanas pelos debates do fórum e, na época dos Cipiões, pelas lições dos retóricos gregos. É de espantar que os modos de floração tenham sido tão diferentes, as cores e os perfumes da flor tenham apresentado uma diversidade tão grande? Lanson considera a época dos Cipiões como aquela em que os romanos aprenderam a conversar com elegância e urbanidade. Nos diálogos de Cícero e de Varrão, ele vê não apenas um pasticho dos de Platão, mas "a imagem idealizada, embora viva e fiel, das conversações ordinárias da sociedade romana". Conversações sem enfeite, aliás, que recendem a escola, e não a corte. As mulheres só entrarão mais tarde, sob os Severos e os Antoninos, no círculo dos conversadores, em que pontificaram, na França, o tempo todo, sob a influência combinada do cristianismo e da galanteria cavaleiresca. Sem ser indis-

---

* Referência a um famoso bobo da corte de Francisco I, cujo nome foi generalizado e popularizado na literatura por Rabelais e, depois, por Victor Hugo. (N. do T.)

17. Um deles, Brusquet, acha engraçado fazer-se passar por médico nos domínios do duque de Montmorency e enviar *ad patres* [aos antepassados, isto é, matar] todos os doentes aos seus cuidados. Em vez de enforcá-lo, Henrique II deu-lhe o *cargo de mestre do Correio* em Paris.

pensável, como vimos, a todos os progressos da conversação, o advento das mulheres à vida social tem o dom único de conduzi-la a um grau de maleabilidade e graça que lhe confere na França um encanto soberano.

Outra tendência geral das transformações da conversação pode ser indicada. Através das sinuosidades caprichosas de suas diversas correntes, ela tende a tornar-se cada vez menos uma luta e cada vez mais uma troca de ideias. O prazer de discutir corresponde a um instinto infantil, o dos gatinhos, dos pequenos animais que, como nossas crianças, divertem-se com simulacros ou diminutivos de combates. Mas a proporção da discussão, nos diálogos dos homens maduros, vai diminuindo. Em primeiro lugar, há toda uma categoria de discussões, outrora inumeráveis, intensas, animadas, que desaparecem rapidamente: os regateios substituídos pelo preço fixo. Em segundo, à medida que as informações sobre qualquer coisa tornam-se mais precisas, mais seguras, mais numerosas, que se dispõem de dados numéricos sobre as distâncias, a população das cidades e dos Estados etc., todas as discussões violentas provocadas pelo amor-próprio coletivo sobre a questão de saber se tal corporação, tal igreja, tal família prevalecia sobre uma outra em crédito, em poder, se o movimento de determinado porto era mais considerável que o de outro pelo número e a envergadura das embarcações etc., perdem sua razão de ser. As discussões, mais violentas ainda, que o conflito dos orgulhos individuais suscitava por mútua ignorância, cessam ou diminuem através do contato mais frequente e do conhecimento mais completo de outrem. Cada nova informação faz calar uma antiga fonte de discussões. Quantas dessas fontes se exauriram desde o início do século XIX! O hábito das viagens, difundindo-se, contribuiu para precisar muito a ideia que as diversas províncias e nações têm umas das outras e para tornar impossível o retorno das disputas oriundas de um patriotismo ignorante. Enfim, a indiferença crescente em matéria religiosa torna a cada dia mais fácil a observância da regra de polidez que proíbe as discussões religiosas, outrora as mais temíveis e as mais apaixonantes de todas. A indiferença em matéria política começa também, ao generalizar-se, a produzir nesse outro domínio tempestuoso um efeito análogo.

É verdade que, se resolveu questões anteriormente polêmicas, o progresso das informações claras e certas colocou e provocou novas discussões, mas estas são de uma natureza mais impessoal e menos áspera, da qual a violência está excluída: discussões filosóficas, literárias, estéticas, morais, que estimulam os adversários sem feri-los. As discussões parlamentares parecem as únicas – embora seja apenas uma aparência – a escapar dessa lei de atenuação progressiva. Diríamos que, em nossos Estados modernos, os fermentos da discórdia tendem a se refugiar ali como seu último abrigo.

Pode-se portanto afirmar que o futuro se caracterizará por um conversação tranquila e suave, cheia de cortesia e de amenidade. Quanto a saber se o tipo de conversação que acabará por prevalecer será amoroso, filosófico ou estético, nada permite dizê-lo. A evolução da conversação terá, sem dúvida nenhuma, vários resultados, como teve várias origens e vários desenvolvimentos distintos, apesar de uma certa unidade de inclinação geral[18].

---

18. Mal é preciso notar, tanto isso me parece evidente, que a evolução da conversação conforma-se às *leis da imitação*, especialmente à da imitação do superior pelo inferior, considerado como tal e considerando-se ele próprio como tal. Veremos, assim, a confirmação que nosso tema oferece à ideia sobre a qual insisti várias vezes, de que as capitais, portanto as democracias, desempenham o papel das aristocracias antes

A OPINIÃO E A CONVERSAÇÃO

Após essa visão de conjunto da evolução da conversação, ocupemo-nos com mais vagar da conversação cultivada como uma arte especial e um prazer requintado[19]. Em que momento ela assim se desenvolve? Temos um indício mais ou menos certo disso na floração da arte dramática, sobretudo da comédia que, consistindo inteiramente em diálogo, não poderia passar ao primeiro plano da literatura e substituir as narrativas épicas, compostas inteiramente de ações, antes de haver encontrado na vida real modelos de conversações brilhantes e belos como combates. Explica-se deste modo que a epopeia tenha por toda a parte precedido o drama. Notemos que as conversações refletem sempre a vida real: o esquimó, o pele-vermelha só falam de caça; os soldados, de batalhas; os jogadores, de jogos; os marinheiros, de viagens. A conduta habitual se reproduz nos sonhos noturnos e, durante o dia, nas conversações, que são sonhos complexos a duas ou três vozes, mutuamente sugeridas. Repro-

---

delas. Foi durante muito tempo da Corte, elite aristocrática, imitada pelas mansões das grandes cidades e pelos castelos, depois pelas casas da burguesia, que emanaram as novas formas e os novos temas de conversação. É agora de Paris, imitada pelas grandes, médias e pequenas cidades, até as menores aldeias onde são lidos os jornais, sejam parisienses, sejam o eco telegráfico das informações parisienses, que se difundem por toda a parte o tom e o conteúdo da conversação do dia. Tem-se a prova dessa derivação, particularmente pela difusão do sotaque de Paris até o extremo sul da França. Tanto entre nós como no estrangeiro, o sotaque da capital difundiu-se nas províncias e jamais o inverso aconteceu, pelo menos lá onde a capital é realmente considerada como tal. Se a capital da França fosse Bordéus, toda a França falaria à moda dos gascões.

19. "Precisamos de todo tipo de pessoas para poder falar de todo tipo de coisas na *conversação que*, na vossa apreciação e na minha, é *o maior prazer da vida e quase o* único, *em minha opinião*", escreve Mademoiselle de Montpensier a Madame de Motteville.

duz-se também na literatura escrita, que é a fixação da palavra falada. Mas a arte dramática é algo mais, a *reprodução*, e não apenas a conservação da palavra falada. É, portanto, de certo modo, o reflexo de um reflexo da vida real.

Outro sinal ainda mais visível do reinado da fala cultivada é o hábito de reservar, nas casas habitadas pela classe superior, uma peça dedicada à conversação. Já a existência de uma sala de conversa pública é menos significativa: entre os gregos, os ginásios compreendiam, entre suas dependências, um recinto, coberto ou não, em que os filósofos se reuniam e que lhes servia de *círculo*. Isso era melhor do que fazer salão ao ar livre, como em nossos parques "sob o olmo do passeio público". Foi sem dúvida a exemplo dos gregos que os patrícios romanos, durante o Império, tinham em suas ricas moradias, ao lado dos triclínios e das bibliotecas, uma galeria também chamada de êxedra onde eram recebidos os filósofos, os poetas, os visitantes distintos.

A origem de nossos salões modernos é diferente. Não procedem eles do *locutório* dos mosteiros, embora este correspondesse a uma necessidade de outra natureza, a de ser um local de exceção, de exceção necessária, à regra monástica do silêncio?[20] Parece provável. Seja como for, inaugurado nos palácios italianos do século XV, o *salão* difundiu-se nos castelos do Renascimento francês *e* nas mansões parisienses[21]. Mas sua difusão foi lenta nas

---

20. Observemos que o voto do silêncio, a renúncia a toda conversação inútil, foi sempre considerada a mortificação mais dura, a regra mais rigorosa e mais frequentemente infringida que a imaginação dos fundadores de ordens monásticas pôde inventar. Isso prova até que ponto a necessidade de conversar é geral e irresistível.

21. Cada *preciosa* tinha o seu sob o nome de *recanto*, *gabinete* ou *alcova*.

casas da burguesia até o século XIX, quando não há pequeno apartamento que não pretenda ter sua sala de visitas. Na descrição que Delahante nos oferece da casa que seu trisavô mandou construir em Crécy, em 1710, observo que não havia uma peça separada para receber as visitas. Sala de estar, de jantar, quarto de dormir inclusive, uma única peça fazia as vezes de tudo. E tratava-se de um homem da burguesia em via de enriquecimento. Comia-se com frequência na cozinha. Mas havia, nessa casa, que era tida então por muito confortável, um" gabinete de repouso" destinado à solidão, *e* não às recepções.

Na França, o castelo de Rambouillet, cujo salão é instalado quase na aurora do grande século, por volta de 1600, foi, não o primeiro berço, mas a primeira escola da arte de conversar. Graças às oitocentas preciosas formadas por tais lições *e* cujos nomes nos foram conservados, difundiu-se um "ardor geral de conversação", para empregar a expressão de um contemporâneo; *e* da França, então modelo universal, essa paixão propagou-se em seguida ao estrangeiro. Ela certamente desempenhou sobre a formação ou a transformação da língua francesa uma influência profunda. As preciosas, como nos informa o abade de Pure[22], "fazem solenemente o voto de *pureza de estilo*, de guerra imortal aos pedantes e aos provincianos". Segundo Somaise, "elas dizem às vezes *palavras* novas sem se aperceberem disso, mas as fazem passar com toda a leveza e delicadeza imagináveis". Segundo de Pure, as questões de língua e de gramática surgem a todo instante e a qualquer propósito, em suas conversas. Uma delas não quer que se diga *"j'aime le melon"* [amo melão], porque é prostituir a palavra *"j'aime"*. Cada uma delas *tem seu dia*, em que recebem as competidoras desses tor-

---

22. *Les mysteres des ruelles*, romance (1656).

neios da conversação. Atribuía-se esse costume a Mademoiselle de Scudéry, de quem inúmeras contemporâneas nossas, que também "têm seu dia", são plagiárias sem saber.

Conversar, para as preciosas e para todas as grandes damas que as tomavam por modelo, era uma arte tão absorvente que elas evitavam cuidadosamente, em suas reuniões, ocupar seus dez dedos, apesar dos hábitos contrários das mulheres da época. "Procurei em vão", diz Rrederer[23], "nos escritos da época, a ocupação que as mulheres da alta sociedade juntavam à conversação. Gostaria de ter visto entre suas mãos a agulha, a naveta, o fuso, a dobadoura; desejaria ter visto essas mulheres bordarem, fazerem tapeçaria". O que é ainda mais surpreendente por vermos, mais tarde, Madame de Maintenon, fiel aos velhos costumes, manusear os fusos e contar seus novelos enquanto conversava com Luís XIV.

Numa sociedade realmente civilizada, não basta que os móveis mais úteis e mais simples sejam objetos de arte, é preciso também que as menores palavras, os menores gestos acrescentem sempre a seu caráter de utilidade, sem nenhuma afetação, um caráter de graça ou de beleza própria. É preciso que haja gestos "de estilo" como existem móveis "de estilo"[24]. Nisto, o nosso mundo aristocrático dos séculos XVII e XVIII distinguiu-se. Mas não se pense que essa tendência tenha sido excepcional. Sob outras formas, em toda sociedade polida, essa mesma necessidade se manifestou. Manifesta-se ainda, entre nós, nos oásis estéticos de nossas democracias. Não

---

23. *Mémoires pour servir* à *l'histoire de la société palie en France* (1835).
24. Turgot, diz Morellet, era, em sua adolescência, repelido por sua mãe, "que o considerava impertinente por não fazer a reverência de maneira graciosa".

diríamos, ao ler Taine, que o gosto da conversação fina e da vida de salão foi, não apenas intenso nas classes superiores do Antigo Regime, mas também uma singularidade característica e única da sociedade francesa nessa fase de seu desenvolvimento?

Aí está o erro desse espírito tão penetrante, e não é um erro sem importância. Por exemplo, Taine atribui à vida de salão o gosto pelas ideias gerais na antiga França. Mas Tocqueville, com mais verdade, parece, após ter observado em seu tempo o gosto pelas ideias gerais bem mais desenvolvido nos Estados Unidos do que na Inglaterra, apesar da semelhança de raça e costumes, explica esse fato pela influência do regime igualitário. O prazer de conversar sobre ideias gerais ou generalidades morais foi desfrutado alhures também sem dar nascimento à vida de salão. O salão, com efeito, é apenas um sinal, como dissemos, um dos sinais, e não o enquadramento único da conversação polida, que nasceu sem ele na Grécia de Péricles, na Roma de Augusto, na Idade Média das cidades italianas. Essa necessidade de conversar desenvolvia ora a vida de ginásio, ora a vida de fórum, ora a vida de claustro, de claustros femininos sobretudo, onde a conversação devia ser animada e interessante na época de São Luís, quando o bispo Eudes Rigaud os visitava escandalizado. Entre nós, ao longo deste século, é a vida de café ou de círculo que tende a se desenvolver sobretudo, apesar da multiplicação imitativa e vaidosa dos "salões".

A mundanidade do Antigo Regime nasceu de elementos complexos. Registremos, além do prazer de conversar, o de copiar a corte ou as cópias da corte, isto é, um agrupamento hierárquico de homens e mulheres presidido por uma pessoa a quem todo mundo presta homenagem e que representa o monarca em miniatura: o dono ou a dona da casa. A arte da conduta, em tal meio, não consiste exclusivamente na arte da conversação, supondo antes de tudo a distribuição desembaraçada, segura, delicada, dos matizes de respeito devidos à diversidade dos méritos e das posições; e o prazer dos amores-próprios satisfeitos deste modo numa sociedade eminentemente hierárquica é pelo menos tão apreciado de todos quanto o das ideias trocadas e harmonizadas. Enfim, a espécie de hegemonia, de realeza da conversação, conferida às mulheres nos salões franceses, não se compreenderia sem a antiga instituição da cavalaria, cujos destroços as cortes monárquicas recolheram.

As censuras que Taine dirige à vida mundana em seu livro sobre o *Antigo Regime* não concernem portanto à vida de conversação em geral. Não é verdade que esta seja necessariamente "artificial e seca". E mesmo isso só é verdade, no caso da vida de salão mais aristocrática, em certa medida. Primeiro, por mais que a vida de salão exprima o respeito à hierarquia social, como ela tende antes de tudo à harmonia social pela satisfação recíproca dos amores-próprios, o que acaba necessariamente acontecendo é que, mesmo exprimindo as distâncias das posições, ela as atenua. Dela, como da amizade, pode-se dizer: *pares aut facit aut invenit*, só surge entre iguais ou iguala; ela só nasce entre semelhantes ou assimila. Só que torna iguais e assimila apenas a longo prazo. Mas não resta dúvida de que a igualdade dos direitos e das posições é o único equilíbrio estável e definitivo dos amores-próprios em contato prolongado. De resto, a vida de salão, sabe-se bem, é uma simples máscara convencional, um véu transparente que recobre a profunda desigualdade dos talentos e dos méritos individuais e serve para realçá-la. Essa facção da igualdade é a eclosão final da sociabilidade. Numa corte real, a despeito de todas as barreiras da etiqueta, o hábito de viver e de conversar com o rei estabelece entre seus súditos e ele uma familiaridade quase niveladora. "Senhor" – dizia a Luís XVI o marechal de Richelieu, testemunha dos dois reinos precedentes –, "sob Luís XIV ninguém ousava dizer palavra; sob Luís XV, falava-se baixinho; sob Vossa Majestade, fala-se alta". Mas já muito tempo antes que se reduzisse a distância entre os cortesãos e o dono real da casa, a que separava seus convidados fora se apagando pouco a pouco, e os infinitos graus da nobreza haviam começado a se fundir na convivência da Corte.

"Artificial?" Será verdade que a vida de salão – acrescentemos: a vida de círculo, de café etc. – é artificial? A natureza sociável do homem não o impele sempre e por toda a parte a esses jogos em comum, a essas reuniões de prazer sob formas variadas? E não lhe são estas tão naturais quanto o estado *gregário* o é para o carneiro?

Quanto à "secura do coração" que a vida de salão engendraria necessariamente, vejo a sua causa na desigualdade excessiva que o respeito aristocrático, quanto mais tempo subsiste por inteiro, cava entre pais e filhos, ou até entre amigos. Mas a partir do momento em que, por efeito da própria vida de salão, como acaba de ser dito, essa desigualdade torna-se menor, o aparecimento dos sentimentos naturais de ternura e de paixão é bem acolhido e sua demonstração pode tornar-se inclusive uma afetação mundana, como aconteceu durante toda a segunda metade do século XVIII, através de um "retorno à natureza" em que nem tudo era factício, longe disso. Esse simples fato, de que a vida de salão, numa de suas fases, em sua fase final e sua embocadura, por assim dizer, favoreceu a difusão da sensibilidade e das efusões ternas, mostra bem que a secura do coração não é um caráter essencial da mundanidade.

É certo que a vida de salão prejudicou, durante todo o Antigo Regime, a vida de família. Mas diríamos o mesmo de toda ocupação absorvente, seja profissional, estética, política ou religiosa. O que prejudica a vida de *família*, no presente, não é mais a vida de salão, mas a vida de círculo ou de café, a vida de fábrica para o operário, a vida de palácio para o homem de negócios, a vida eleitoral ou parlamentar para o homem político. Seria, mais tarde ainda, se o sonho coletivista fosse realizável, a vida de falanstério.

Tampouco podemos contar entre as características essenciais da mundanidade o que Taine assinala como um de seus traços mais próprios e marcantes: a repugnância às novidades fortes, o horror às originalidades. Em realidade, toda vida social intensa tem por efeito lançar uma corrente torrencial de costumes, opiniões, que é difícil remontar e na qual a maior parte das originalidades médias estão submersas. As originalidades fortes e excepcionais nela se elevam sozinhas e, então, se tornam o núcleo de um novo contágio que propaga sua marca pessoal, substituindo as antigas ou superpondo-se a elas. Tal foi a selvageria de Rousseau que, destoando em meio à mundanidade desenfreada de seu tempo, refundiu-a à sua imagem. Dirão também que um Diderot[25], um Vol-

---

25. Morellet, entre outros contemporâneos de Diderot, enaltece sua conversação. "Ela possuía uma grande força e um grande encanto; sua discussão era animada de uma perfeita boa-fé, sutil sem obscuridade, variada em suas formas, brilhante de imaginação, fecunda em ideias e capaz de despertar a dos outros: deixávamo-nos arrastar por ela horas inteiras, como por um rio." As conversações privadas, mundanas, a partir da segunda metade do século XVIII, é que foram as fontes ocultas da grande corrente da Revolução. Eis aí uma objeção terrível ao suposto misoneísmo dos salões.

taire e tantos outros só puderam fazer sua personalidade ser aceita atenuando-a?

A evolução da vida de salão pode nos ajudar a considerar a evolução da conversação por um lado diferente e mais compreensível. Chama-se uma "sociedade" – expressão excelente, pois equivale a dizer que a relação social por excelência, a única digna desse nome, é a troca de ideias – um grupo de pessoas habituadas a se reunir em algum lugar para conversar juntas. Nas mais baixas camadas populares há "sociedades", mas elas são tão pequenas como numerosas. No meio rural mais distante e atrasado, dois ou três camponeses adquirem o hábito de ver-se nos serões ou no botequim e, ainda que trabalhem nos serões e que bebam mais do que conversem no botequim, também conversam. Temos aí embriões de salão e de círculo. À medida que nos elevamos na escala social, vemos o número de sociedades diminuir, mas cada uma delas aumentar. Os cafés de operários dividem-se em grupos de conversadores ou contendores habituais já bem mais densos. Os pequenos comerciantes têm um salão, bastante pequeno, funcionando como uma cópia reduzida das reuniões da classe superior. Estas, na maioria das cidades médias, distribuem-se no máximo em duas ou três "sociedades" e, às vezes, fato que foi e que tende a tornar-se de novo geral, formam apenas uma única e mesma espécie de corporação mundana, "*a* sociedade". Mesmo nas maiores cidades se observa essa tendência, e em Paris, Viena, Londres, por toda a parte, a despeito dos progressos da democracia, a classe reputada mais brilhante, quando não mais elevada, busca as ocasiões em que seus fragmentos já bastante volumosos se encontram e se juntam para se soldar.

Assim, descontadas muitas exceções, a regra geral é que o volume das *sociedades* está na razão inversa da importância numérica da classe a que pertencem: são tanto mais volumosas quanto seus membros fazem parte de uma classe menos numerosa. Da plebe à elite, a pirâmide social vai se estreitando enquanto as sociedades vão se alargando. Isso se explica pela superioridade dos lazeres, dos conhecimentos, dos temas de conversação comuns à medida que se sobe na escala social; e, ao mesmo tempo, mostra a aspiração constante do progresso social a ampliar o máximo possível a comunhão dos espíritos, sua mútua visitação e penetração. Pois é conversando que os espíritos se visitam e se interpenetram.

Os temas de conversação variam de uma camada social a outra. Nos pequenos círculos de camponeses reunidos no serão, de que se fala? Um pouco mais da chuva e do tempo bom do que em qualquer outra parte, porque esse tema, de maneira alguma ocioso aqui, está ligado às esperanças ou às ameaças da próxima colheita. Fala-se de política, mas apenas nos períodos eleitorais. Fala-se dos vizinhos, especula-se sobre seus rendimentos, *fofoca-se.* Esse lado profissional e pessoal das conversas é ainda o que prevalece entre operários e pequenos comerciantes, mas a política considerada segundo os aspectos do jornal do dia substitui a chuva e o bom tempo como tema fundamental. A meteorologia política toma o lugar da meteorologia celeste, o que é um progresso social. Já os homens de negócios e os médicos, embora gostando às vezes de falar de seu ofício, com frequência soltam seu espírito para ousar algumas considerações de ordem filosófica ou científica[26]. Finalmente, é preciso chegar às *sociedades*

---

26. Nem sempre foi assim. Quanto mais recuamos no passado, mais vemos as pessoas, mesmo das classes médias, se encerrarem em suas preocupações pessoais. Numa de suas cartas a Mademoiselle de Robinan (1614), Mademoiselle de Scudéry relata com graça uma viagem

A OPINIÃO E A CONVERSAÇÃO

mais cultivadas para ver reduzirem-se ao *mínimo* os assuntos relacionados à profissão e à política corrente, e a conversa desenvolver-se sobre ideias gerais sugeridas reciprocamente por leituras, viagens, uma instrução elementar extensa e sólida, e reflexões pessoais.

No que concerne a esses últimos grupos, a imprensa cotidiana, como se vê, deixa de ser o metrônomo e o guia

---

que fez de carruagem e a conversação mantida entre seus companheiros de viagem, a saber, um jovem cobrador de impostos, um músico medíocre, uma burguesa de Rouen que acabava de perder um processo em Paris, a dona de uma mercearia na rua Saint-Antoine e uma vendedora de candelabros da rua Michel-le-Comte em Paris, ambas desejosas de conhecer "o mar e o interior", um jovem estudante voltando de Bourges em férias, um burguês poltrão, um "tipo pretensioso da baixa Normandia que dizia mais gracejos picantes do que o abade de Franquetot quando estes estavam em moda e que, querendo divertir todos os outros, era quem mais puxava conversa". Ora, todas essas pessoas, quando se põem a conversar, falam cada qual de suas ocupações pessoais ou profissionais. O cobrador de impostos "sempre insiste no soldo por libra". O músico só quer cantar. A vendedora de candelabros pensa em sua loja. "O jovem estudante só fala de noções de direito e de seu mestre Cujas" a propósito de qualquer assunto. "Se falávamos de belas mulheres, ele dizia que Cujas tinha uma bela filha." Em suma, vemos claramente que esse diálogo não é senão um entrelaçamento de monólogos e que nele não intervêm assuntos gerais capazes de interessar a todos os interlocutores ao mesmo tempo, não há "conversação geral". Atualmente, graças aos jornais, esses assuntos gerais existem sempre entre os interlocutores mais diferentes pela classe ou pela profissão. Existem em excesso às vezes. Assim, Mademoiselle de Scudéry considera uma *má companhia* essa reunião heteróclita de viajantes. Em sua época, com efeito, para desfrutar o encanto de uma *conversação geral* de interesse comum a todos os participantes, era preciso frequentar um ambiente fechado e murado, composto de pessoas da mesma classe, da mesma educação, como o castelo de Rambouilles. Isso nos explica a sedução intensa desses refúgios do espírito. La Fontaine também, nas cartas à sua mulher, nos fala das conversações de seus companheiros de viagem em carruagem. Vemos que elas eram muito insignificantes, *salvo* alguma controvérsia animada entre católicos e protestantes a propósito dos dogmas.

mais habitual das conversações, ou pelo menos sua ação sugestiva é menos imediata, se não é menos profunda. Ela só os alimenta diretamente nos dias em que uma notícia sensacional, uma questão obsessiva ocupa os jornais. Fora isso, a conversa se emancipa, segue um curso imprevisto, exuma temas exóticos e, deste modo, faz da "sociedade" das pessoas *superinstruídas* um círculo mágico que não cessa de ampliar-se no tempo e no espaço, unindo entre si todas as elites das nações civilizadas e vinculando-as à "gente de bem" do passado de cada uma delas[27].

Essa "gente de bem" de todos os tempos, tipo exemplar da sociabilidade consumada, se reconhece pela inesgotável riqueza de temas de conversa sempre novos que lhe é dada, antes de tudo, por uma instrução comum e geral, coroamento luminoso de uma instrução especial e técnica. Não pretendo, em poucas palavras, imiscuir-me a esse respeito num problema tão grave e tão inquietante

---

27. É provável, com efeito, que, se as preciosas do século XVII pudessem renascer e, naturalmente, voltar a conversar, sua conversação nos interessaria. Sem a menor dúvida, teria o maior interesse para nossas feministas. Em suas reuniões, segundo o abade de Pure, "examina-se a quem, nas ciências ou na poesia, cabe a preeminência. Agita-se a questão de saber se a história deve ser preferida aos romances ou os romances à história. Pergunta-se qual a liberdade que as mulheres possuem e têm o direito de possuir na sociedade e na vida conjugal. A liberdade preconizada nessa ocasião está mais próxima da dominação do que da independência. Parece, diz uma argumentadora, que as suspeitas do marido dão à mulher o direito de cometer faltas. Uma preciosa faz o elogio de Corneille, outra prefere Benserade, poeta mais galante e homem da corte. Uma terceira toma o partido de Chapelain. Na casa dos Scudéry, disserta-se sobre Quinault Acontece noutra ocasião que uma preciosa chore um amigo e *ponha-se imediatamente a dissertar sobre a dor*. Ela afirma que a dor deve ter por objeto fazer reviver o prazer que se sentiu com o falecido. Uma antagonista insurge-se contra esse sistema, no qual reconhece a barbárie...".

quanto o da reforma dos estudos clássicos; mas permito-me observar que, se tivesse prestado atenção na imensa importância social da conversação, não se teria deixado de buscar nela um argumento bastante sólido, digno em todo caso de ser examinado, em favor da manutenção numa larga medida da cultura tradicional.

Ter-se-ia visto que a principal vantagem do estudo das línguas e das literaturas antigas é não apenas manter o parentesco social das gerações sucessivas, mas estabelecer em cada época um vínculo intelectual e espiritual estreito entre todos os segmentos da elite nacional, ou mesmo entre as elites de todas as nações, e permitir a todos os seus membros conversar juntos com interesse, com prazer, pouco importando a profissão a que pertençam e a classe ou o país de que provenham.

Suponha-se que o estudo do latim e dos autores latinos, assim como o estudo da filosofia e da história da filosofia, fosse bruscamente suprimido nas escolas francesas; em pouco tempo uma solução de continuidade se produziria na trama do espírito francês, as novas gerações cessariam de pertencer à mesma *sociedade* que seus antepassados e as diversas categorias profissionais de franceses – médicos, engenheiros, advogados, militares, industriais –, exclusivamente instruídas em função de seu ofício, seriam *socialmente* estranhas umas às outras. Não teriam mais outro interesse comum e, consequentemente, outra conversação comum que as questões sanitárias, a chuva e o bom tempo, ou a política cotidiana. E deste modo "a *alma* da França" seria rompida, não em dois mas em cem pedaços.

Sei bem que, aos olhos dos economistas da antiga escola, a vantagem de haver, entre pessoas cultas, um mesmo filão de conversação a explorar é a mais improdutiva das futilidades. Conversar, para eles, é perder tempo e, se a vida social deve convergir para a produção a todo custo, a produção pela produção, por certo a palavra falada só tem direito de ser tolerada como meio de troca. Mas uma sociedade que realizasse esse ideal, na qual só se falaria para tratar de um negócio, compra, empréstimo, aliança, teria alguma coisa de realmente social? Então, não mais literatura nem arte, nenhuma satisfação em discorrer entre amigos, mesmo jantando. As refeições silenciosas, um almoço rápido na estação ferroviária, uma vida atarefada e muda – se rechaçarmos essa perspectiva, se pensarmos na necessidade essencial que temos todos nós de compreender-nos cada vez melhor uns aos outros para nos amarmos e nos perdoarmos cada vez mais e se concordarmos que a satisfação dessa necessidade profunda é, em suma, o fruto supremo e mais saboroso da civilização, reconheceremos o dever capital, para os governos, de nada fazer que possa entravar a extensão das relações interespirituais, de tudo fazer para favorecê-la.

Após termos falado das variedades da conversação, de suas transformações e suas causas, digamos algumas palavras sobre seus efeitos, tema que foi apenas aflorado. Classifiquemos seus efeitos, para não omitir nenhum que seja importante, segundo as diferentes grandes categorias de relações sociais. Do ponto de vista linguístico, a conversação conserva e enriquece as línguas, se é que não estende seu domínio territorial; ela suscita as literaturas e, em particular, o drama. Do ponto de vista religioso, é o meio de apostolado mais fecundo, difundindo sucessivamente os dogmas e o ceticismo. Não é tanto através das pregações, mas das conversações, que as religiões se estabelecem ou se enfraquecem. Do ponto de vista político, a conversação é, antes da imprensa, o único obstáculo aos governos, o abrigo inexpugnável da liberdade; cria as reputações e os prestígios, determina a glória e, através dela, o poder. Tende a nivelar os conversadores assimilando-os e destrói as hierarquias à força de exprimi-las. Do ponto de vista econômico, uniformiza os juízos sobre a utilidade das diversas riquezas, cria e especifica a ideia de valor, estabelece uma escala e um sistema de valores. Assim, essa tagarelice supérflua, simples perda de tempo para os economistas utilitários, é na realidade o agente econômico mais indispensável, uma vez que, sem ela, não haveria opinião e sem opinião não haveria valor, noção fundamental da economia política e, para falar a verdade, de muitas outras ciências sociais.

Do ponto de vista moral, ela luta continuamente, na maioria das vezes com sucesso, contra o egoísmo, contra a tendência da conduta a perseguir fins meramente individuais; traça e aprofunda, opondo-a a essa teleologia individual, uma teleologia inteiramente social em favor da qual abonam, através do louvor e da reprovação distribuídos oportunamente e contagiosamente difundidos, ilusões salutares ou mentiras convencionais; contribui, pela mútua penetração dos espíritos e das almas, a fazer germinar e progredir a psicologia, não individual precisamente, mas antes de tudo social e moral. Do ponto de vista estético, engendra a polidez, através da lisonja inicialmente unilateral e depois mutualizada; tende a harmonizar os juízos de gosto, consegue-o com o tempo e elabora assim uma arte poética, soberanamente obedecida em cada época e em cada país. Contribui portanto poderosamente para a obra da civilização, da qual a polidez e a arte são as condições primeiras.

Gidding, em seus *Princípios de sociologia*, faz uma referência à conversação, e uma referência importante. Segundo ele, quando dois homens se encontram, a conversação que mantêm é apenas um complemento de seus olhares recíprocos, através dos quais se exploram e buscam saber se pertencem a mesma espécie social, ao mesmo grupo social.

"Adoramos", diz ele, "a ilusão que nos faz crer que conversamos porque nos preocupamos com as coisas de que falamos, do mesmo modo que adoramos esta ilusão, a mais doce de todas: a crença na arte pela arte. A verdade é que toda expressão, pelo homem comum ou pelo artista, e toda comunicação, desde a conversação acidental da entrada em relações até as profundas intimidades de um amor verdadeiro, tem sua origem na paixão elementar de conhecer-se e fazer-se conhecer mutuamente, de definir a consciência de espécie". Que as primeiras conversações de dois desconhecidos que se encontram tenham *sempre* o caráter indicado por Gidding, já é contestável, embora seja verdade em muitos casos. Mas é certo que as conversações ulteriores que mantêm entre si, depois de se conhecerem mutuamente, têm um caráter bem diferente. Elas tendem a associá-los um ao outro, ou a fortalecer sua associação se já pertencem à mesma sociedade. Tendem, por conseguinte, a fazer surgir e a acentuar, a ampliar e a aprofundar a *consciência de espécie*, não simplesmente a defini-la. Não se trata de pôr a nu seus limites, mas de fazê-los constantemente recuar.

Retornemos a alguns dos efeitos gerais da conversação. Quando um povo civilizado recai na barbárie, pelo retorno da insegurança, pela ruptura das pontes, o abandono das estradas, das correspondências, dos vínculos sociais, ele se torna relativamente mudo. Falava-se muito em meio a ele em prosa e em verso, por via oral e escrita; quase não se fala mais. Pode-se fazer uma ideia de quanto se gostava de conversar, no momento em que o Império romano ia findar, por diversas passagens de Macróbio, contemporâneo de Teodósio, o jovem. Em suas *Saturnais* (compostas inteiramente em diálogos), um dos interlocutores diz ao outro: "trata teu escravo com doçura, admite-o de bom grado na conversação". Ele censura o costume, raro em sua época, ao que parece, dos que não permitem a seu escravo conversar com eles ao servir à mesa. Em outra passagem, um dos personagens diz: "Durante toda a minha vida, Décio, nada me pareceu melhor do que empregar as horas vagas que a advocacia me proporciona em conversas na companhia de homens instruídos, tais como tu, por exemplo. Um espírito bem orientado não poderia encontrar passatempo mais útil e mais honesto do que uma conversa em que a polidez embeleza tanto a interrogação como a resposta." É verdade que essa última frase pressente já a barbárie que se aproxima; a menos que o gosto por uma conversação um tanto excessivamente pomposa e verbosa, da qual Horácio teria escarnecido, se explique pelos hábitos oratórios desse advogado.

O camponês isolado se cala; o bárbaro, em seu blocausse, em seu abrigo de rocha, não diz palavra. Quando fala, ocasionalmente, é para fazer um discurso. Não é por esse fato tão simples que convém explicar a decomposição do latim e o nascimento das línguas neolatinas? Se as cidades galo-romanas tivessem continuado a subsistir e a se comunicar após a queda do trono imperial, como haviam feito antes, provavelmente jamais se teria deixado de falar o latim em todo o território do Império. Mas, na falta desse perpétuo exercício da palavra num domínio imenso e nas condições mais variadas, que a conversação num idioma tão rico e tão complicado exigia, devia acontecer inevitavelmente que a maior parte das palavras perecessem, tornadas sem objeto, e que o sentimento delicado das nuances da declinação e da conjugação se perdessem e se obliterassem entre lavradores, pastores, bárbaros condenados ao isolamento, na ausência de vias bem conservadas e de relações bem estabelecidas. O que acontecia, então? Quando essas criaturas geralmente mudas viam-se forçadas a comunicar alguma ideia, sempre grosseira, sua língua enferrujada recusava a fornecer-lhes uma expressão precisa, e uma expressão confusa as satisfazia plenamente; o acanhamento de seu vocabulário ocasionava a simplificação de sua gramática; as palavras latinas, os torneamentos e as desinências do latim só se ofereciam à sua memória mutilados e corrompidos, e elas eram obrigadas a fazer, para serem compreendidas, esforços de engenhosidade tanto maiores quanto mais haviam perdido o hábito de falar com correção e facilidade. O homem, portanto, reencontrava-se quase na situação em que havia estado nos períodos pré-históricos, nos quais, não falando ainda, fora obrigado, à força de engenhosas tentativas também e concentrando na satisfação da necessidade urgente de comunicação mental todos os seus recursos geniais, a inventar pouco a pouco a palavra. Foi assim que, de uma quantidade de inovações imaginadas pelos homens do século VII ao X, para se fazerem compreender facilmente, brotaram as línguas românicas. Foi por falta de conversações multiplicadas e variadas que o latim se decompôs e o germe das línguas neolatinas começou a despontar, e foi, mais tarde, pelo retorno à vida de sociedade, às conversações habituais, que as línguas neolatinas cresceram e floresceram. Não ocorreu o mesmo com toda decomposição ou gênese de idioma?

Se o abandono das conversações decompõe as línguas cultivadas ou as abastarda, a retomada das relações sociais e das conversas que as acompanham necessariamente é a causa primeira da formação das línguas novas. Assim, essa obra de criação será lenta ou rápida conforme se opere numa região de população muito dispersa e fragmentada ou numa região relativamente bastante povoada e centralizada. É esse contraste que nos apresenta a Inglaterra da Idade Média, comparada aos povos neolatinos. E ele também pode servir para explicar por que foram precisos tantos séculos para os dialetos franceses se formarem, para o da Ile-de-France se impor a todas as províncias do país, ao passo que a língua inglesa criou-se e difundiu-se com uma rapidez que maravilha os linguistas. É que, como assinalou Boutmy, entre outros historiadores, a centralização do poder estabeleceu-se na Grã-Bretanha bem mais cedo do que na França e, auxiliada nisso pelo aprisionamento insular dos habitantes, contribuiu poderosamente para sua homogeneidade mais precoce. A imitação assimiladora funcionou ali, de grupo a grupo, com mais intensidade do que na França e desde a Idade Média. Imagine-se tudo o que se supõe de conversações multiplicadas entre os indivíduos e entre homens de posições, classes e condados diferentes, o desaparecimento gradual de numerosos dialetos ou simplesmente de suas línguas diferentes, como o anglo-saxão e o romanço, em favor de uma única e mesma língua que se cria e se desenvolve ao difundir-se, que deve à sua difusão sua própria formação... E, de fato, a característica da vida inglesa na Idade Média é a vida em comum de todas as classes em perpétuo contato e troca de exemplos. Acrescentemos, de passagem, que, aqui como em toda parte, a imitação propagou-se sobretudo de cima para baixo[28], a partir das cortes elegantes em que a conversa-

---

28. Pode-se ver a aplicação dessa lei entre os próprios selvagens. Descrevendo os costumes dos selvagens acadianos [Canadá], Charlevoix (*Histoire de la nouvelle France*) escreve: "Cada aldeola tinha seu *sagamo* (chefe), independente dos outros: mas todos mantinham entre si uma espécie de correspondência que unia estreitamente toda a nação. Dedicavam uma boa parte do verão a visitarem-se e a realizarem conse-

ção já era muito nobre e polida; e é à constituição da hierarquia inglesa, à aproximação de seus escalões superpostos, suficientemente distintos para que o prestígio do superior existisse, mas não o bastante para desencorajar a emulação, que cabe pedir a explicação dessa assimilação tão pronta e profunda.

O papel político da conversação não é menor que seu papel linguístico. Há um vínculo estreito entre o funcionamento da conversação e as mudanças da opinião, de que dependem as vicissitudes do poder. Onde a opinião muda pouco, lentamente ou permanece quase imutável, as conversações costumam ser raras, tímidas, girando num círculo estreito de mexericos. Onde a opinião é móvel, agitada, onde passa de um extremo a outro, as conversações são frequentes, ousadas, emancipadas. Onde a opinião é fraca, é porque se conversa sem animação; onde ela é forte, é porque se discute muito; onde é violenta, é porque há paixão em discutir; onde é exclusiva, exigente, tirânica, é porque os participantes estão às voltas com alguma obsessão coletiva; onde é liberal, é porque os assuntos de conversa são variados, livres, alimentados inteiramente por ideias gerais.

Essa ligação íntima entre a opinião e a conversação é tal, que nos possibilita suprir, em certos casos, a ausência de documentos sobre esta última, quando aquela nos é conhecida. Temos informações sobre a conversação das épocas passadas; mas algumas delas nos permitem saber em que medida a opinião exerceu uma influência decisiva, aqui ou ali, nesta ou naquela nação, nesta ou naquela

---

lhos em que eram tratados assuntos gerais." Foi assim que o hábito de conversar regular e periodicamente e de realizar visitas formais surgiu entre os chefes de tribos e contribuiu, ao propagar-se, para a assimilação recíproca de povoados vizinhos.

classe, sobre as decisões do poder político ou judiciário. Sabemos, por exemplo, que os governos de Atenas foram, bem mais que os de Esparta, governos de opinião; donde teríamos o direito de concluir, se não soubéssemos disso por outras fontes, que os atenienses eram bem mais conversadores que os lacedemônios. No reinado de Luís XIV, a opinião da corte influía muito, bem mais do que se crê, sobre as decisões do monarca, que a acatava inconscientemente; a opinião *da cidade* contava pouco e a das províncias, absolutamente nada. Isso significa que se conversava muito, na corte, dos assuntos públicos, pouco na cidade e menos ainda no resto da França. Mas, no momento da Revolução, essas proporções se inverteram, porque o exemplo da conversação política, vindo de cima, pouco a pouco desceu até o fundo do meio rural.

A evolução do poder explica-se portanto pela evolução da opinião, que se explica pela evolução da conversação, que se explica por sua vez pela série de suas diferentes origens: ensinamentos da família, escola, aprendizagem, pregações, discursos políticos, livros, jornais. E a imprensa periódica alimenta-se das informações do mundo inteiro que versam sobre tudo o que se produz de excepcional, de genial, de *inventivo*, de novo. Os jornais são mais ou menos interessantes, são sugestivos neste ou naquele sentido, conforme a natureza e a cor das novidades que surgem e que eles assinalam. E entre as inovações de que a imprensa se alimenta, devemos citar em primeiro lugar os atos do poder, a série dos fatos políticos.

De tal modo que, no fim de contas, os próprios atos do poder, triturados pela imprensa, remastigados pela conversação, contribuem em larga medida para a transformação do poder. E por mais que o poder agisse, se seus atos não fossem divulgados pela imprensa e comentados pela conversação, ele não evoluiria, manter-se-ia idêntico, salvo as modificações, os reforços ou os enfraquecimentos que lhe adviriam de inovações de outros tipos, religiosas e econômicas em particular, quando estas se generalizassem e se vulgarizassem. Onde o poder permaneceu muito estável, podemos estar certos, em geral, de que a conversação foi muito tímida e restrita[29]. Logo, para restituir ao poder sua estabilidade de outrora, das épocas primitivas em que não se conversava fora do estreito círculo familiar, seria preciso começar por instituir o *mutismo universal*. Nessa hipótese, o próprio sufrágio universal seria incapaz de demolir alguma coisa.

Politicamente, não são tanto as conversações e discussões parlamentares, e sim as conversações e discussões privadas, que importa considerar. É aí que o poder se elabora, enquanto, nas Câmaras de deputados e em seus corredores, o poder se desgasta e, frequentemente, se avilta. Quando as deliberações dos parlamentos não têm eco e a imprensa não as divulga, elas não exercem quase nenhuma influência sobre o valor político de um homem no poder. O que se passa nesses lugares fechados só tem a ver com os trâmites do poder, mas de modo algum com sua força e sua autoridade real. Os cafés, os salões, as lojas, quaisquer locais onde se conversa, são as verdadeiras fábricas do poder. Não esquecer, porém, que essas fábricas não poderiam funcionar se não existisse a

---

29. No tempo de Bacon, a conversação nascia na Inglaterra, e ele dedica a esse assunto uma curta passagem de seus *Ensaios de moral e de política*, na qual vemos, não *constatações gerais* que nos interessariam muito, mas *conselhos gerais* que nos interessam menos. A julgar por estes, as conversações inglesas deveriam ser então – bem mais que as do continente, agitado pelas guerras de religião – de uma extrema timidez. "A respeito do gracejo", diz ele, "há coisas que não devem jamais ser objeto dele: por exemplo, *a religião, as questões de Estado, os grandes homens, as pessoas constituídas em dignidade* [os altos funcionários como ele...]" etc.

matéria-prima que empregam, os hábitos de docilidade e de credulidade criados pela vida de família e pela educação doméstica. O poder surge daí como a riqueza surge das manufaturas e usinas, como a ciência surge dos laboratórios, museus e bibliotecas, como a fé surge das escolas de catecismo e dos ensinamentos maternos, como a força militar surge das fundições de armas e dos exercícios de quartel.

Suponhamos os cidadãos franceses encerrados em prisões celulares e entregues às suas reflexões próprias, sem nenhuma influência recíproca, e indo votar... Mas eles não poderiam votar! Na verdade, não teriam, a maior parte deles pelo menos, nenhuma preferência por Pedro ou por Paulo, por este ou por aquele programa. Ou, se cada qual tivesse sua ideia própria, seria uma bela confusão eleitoral.

Certamente, se um homem de Estado, um Mirabeau, um Napoleão, pudesse ser conhecido *pessoalmente* de todos os franceses, não haveria necessidade da conversação para fundar sua autoridade e, por mais que os franceses fossem mudos, ainda assim seriam, em grande maioria, fascinados por ele. Mas como isso não ocorre, é necessário, tão logo a extensão do Estado ultrapasse os limites de uma pequena cidade, que os homens conversem entre si para criar acima deles o prestígio que deve regê-los. No fundo, em três quartas partes do tempo, obedece-se a um homem por ver que ele é obedecido por outros. Os primeiros que obedeceram a esse homem tiveram ou julgaram ter suas razões: por causa de sua idade avançada, de seu nascimento ilustre, de sua força corporal, de sua eloquência, ou de seu gênio, tiveram fé na virtude protetora ou diretora dele. Mas essa fé, que nasceu neles espontaneamente, foi comunicada por suas conversas aos que, depois deles, tiveram fé por sua vez. É conversando sobre os atos de um homem que o tornamos notório, célebre, ilustre, glorioso; e, uma vez chegado ao poder pela glória, é através de conversas sobre seus planos de campanha ou seus decretos, sobre suas batalhas ou suas ações governamentais, que se faz aumentar ou diminuir sua força.

Na vida econômica, sobretudo, a conversação tem uma importância fundamental, que os economistas não parecem ter percebido. A conversação, troca de ideias – ou melhor, doação recíproca ou unilateral de ideias –, não é o preâmbulo da troca de serviços? É primeiramente pela palavra, conversando, que os homens de uma mesma sociedade comunicam uns aos outros suas necessidades, seus desejos de consumo ou, também, de produção. É raríssimo que o desejo de comprar um objeto novo surja ao ser ele visto, sem que conversações o tenham sugerido. Esse caso ocorre quando, por exemplo, um navegador, ao abordar uma ilha desconhecida, se vê cercado de selvagens que, sem lhe falar, já que não conhecem sua língua como ele tampouco conhece a deles, ficam maravilhados com as miçangas que ele exibe e lhe adquirem em troca de alimentos ou peles de animais. Salvo essas exceções, a influência da conversação é capital para o surgimento e, mais ainda, para a propagação das necessidades, e sem ela não haveria jamais preço fixo e uniforme, condição primeira de todo comércio um pouco desenvolvido, de toda indústria um pouco próspera.

As relações da conversação com a psicologia social e moral são evidentes no século XVII francês, mas não é somente aí que são aparentes. Horácio, numa de suas sátiras, enaltece a vida que leva em sua casa de campo. Lá ele recebe com frequência os amigos à sua mesa. "Cada conviva, liberto das leis da etiqueta, esvazia à sua escolha taças grandes ou pequenas. Ali se estabelece uma conversação, não sobre os vizinhos para falar mal deles, nem sobre suas propriedades para invejá-los, nem sobre o talento de Lepos na arte da dança; mas nos ocupamos de assuntos que nos interessam mais e que é vergonhoso ignorar: será a virtude, serão as riquezas, que tornam o homem feliz? Devemos, em nossas relações, nos pautarmos pelo que é útil ou pelo que é honesto? Qual a natureza do bem? Em que consiste o soberano bem? No entanto, a um pretexto qualquer, Cérvio mistura a essas graves considerações alguma história de mulher do povo." Deste modo vemos que as conversações em voga entre as pessoas distintas do século de Augusto assemelhavam-se num ponto importante àquelas da "gente de bem" do nosso século XVII: elas também versavam sobre generalidades morais, quando não sobre julgamentos literários. Só que a moral discutida pelos contemporâneos de Horácio, epicuristas tingidos de estoicismo, é uma moral mais individual do que social, pois é para fortalecer, para sanear o indivíduo tomado à parte, separado de seu grupo, que se dedicam os adeptos tanto de Zenão como de Epicuro. Ao contrário, as questões levantadas pelos cristãos mundanos e moralistas do tempo de Luís XIV referem-se antes de tudo à moral social.

Madame de Lafayette escreve a Madame de Sévigné que, depois de um jantar, toda a sua conversação com Madame Scarron, o abade Testu e outros interlocutores versou "sobre as pessoas que têm o gosto acima e abaixo de seu espírito". "Entramos em sutilezas", diz ela, "nas quais não entendíamos mais nada". Que interesse, perguntar-se-á atualmente, pode haver em tratar de assuntos tão vagos? Mas é esquecer que, nessa época, nos meios aristocráticos, onde a sociabilidade atingia seu ponto de maior ostentação, nada era mais oportuno do que esclarecer, precisar, destrinchar na medida do possível *a psico-*

logia social, ainda sem nome. O século XVII, em suas conversações entre gente de bem, jamais pareceu preocupar-se muito com psicologia individual. Um romance de Bourget teria feito bocejar Madame de Lafayette e La Rochefoucauld. O que lhes interessava e devia interessar-lhes muito mais era o estudo das relações *interespirituais*, e sem que o soubessem faziam muita *interpsicologia*. Leia-se La Bruyere, leiam-se os retratos das personagens de seu tempo feitos por Bussy-Rabutin ou qualquer outro escritor: não se trata jamais de caracterizar um homem por suas relações com a natureza ou consigo mesmo, mas unicamente por suas relações sociais com outros homens, pela concordância ou não entre seus juízos sobre o belo e os deles (*gosto*), por sua capacidade de agradar-lhes ao contar uma anedota picante, ao escrever uma carta bem torneada (*espírito*) etc.

É natural que os homens, ao começarem a *psicologizar*, tenham feito psicologia social, *e* compreende-se também que tenham feito sem sabê-lo, já que não podiam fazer um ideia precisa disso a não ser por oposição à psicologia individual.

Esta só se desenvolveu no século XVII por um lado original, aliás, *e* importante, o misticismo. Todavia cumpre observar que os estados deliciosos ou languescentes da alma, descritos com pinceladas tão vivas nas cartas espirituais de Fé *e* vários outros místicos da época, são sentidos por eles como uma surda *e* interna conversação com o interlocutor divino, com o inefável consolador oculto na alma. A bem dizer, a vida mística, no Antigo Regime, é um pouco feita à imagem do "mundo". Deus faz *visitas* à alma, conversa com ela, esta lhe responde. Não é a *graça* a alegria *e* a força transmitida por uma voz amada que fala dentro de nós *e* nos reconforta? Os períodos de secura *e* de langor, de que se queixam os "espirituais", são os intervalos, às vezes bastante longos, das visitas *e* conversações do hóspede inefável.

Outro ramo inteiramente à parte da psicologia social *e* que também se liga de maneira íntima à psicologia individual é a psicologia sexual, à qual se dedicaram em especial os autores dramáticos *e* os romancistas *e* que desempenha um papel tanto mais invasor quanto mais civilizadas as conversações. Ela não deixa de ter uma relação com a psicologia mística.

A conversação é mãe da polidez. Isso acontece mesmo quando a polidez consiste em não conversar. Nada parece mais singular, mais antinatural a um provinciano chegado a Paris, do que ver os ônibus cheios de gente que se abstêm cuidadosamente de se falar. O silêncio entre desconhecidos que se encontram parece naturalmente uma inconveniência, do mesmo modo que o silêncio entre pessoas que se conhecem é um sinal de desentendimento. Todo camponês bem-educado sente-se no dever de "fazer companhia" àqueles com quem caminha. Em realidade, não é que a necessidade de conversação seja mais forte nas cidades pequenas ou no campo do que nas grandes. Ao contrário, ela parece crescer em razão direta da densidade da população e do grau de civilização. Mas é precisamente por causa de sua intensidade nas grandes cidades que se teve de estabelecer barreiras contra o perigo de ser submergido sob o fluxo de palavras indiscretas.

É preciso ter chegado a um alto grau de intimidade afetuosa para poder permitir-se, entre dois amigos, ficar em silêncio por um largo tempo. Entre amigos que não são muito íntimos, entre indiferentes que se encontram num salão, sendo a palavra o único vínculo social, se esse único vínculo vem a romper-se, um grande perigo aparece, o perigo de ver revelar-se a mentira das amabilidades, a ausência total de uma ligação profunda a despeito das marcas exteriores de amizade. Esse silêncio glacial, quando surge, aflige como um dilaceramento de véus pudicos e faz-se tudo para evitá-lo. Lança-se, no fogo da conversação a extinguir-se, tudo o que vem à cabeça, os segredos mais caros, o que não se teria o menor interesse em dizer, assim como, no momento de um naufrágio, lança-se ao mar os pacotes mais preciosos para retardar a submersão. O silêncio, em meio a uma conversa de salão, é como o afundamento de um navio no oceano.

Da conversação nasceram as lisonjas, bem como as injúrias. Conversando, os homens perceberam que a boa opinião a respeito de si próprios não era partilhada por outrem e reciprocamente.

A ilusão vaidosa de outrem, quando se tratava de um igual, podia ser ridicularizada, combatida duramente injuriando-se o adversário; mesmo assim, a experiência ensinava a evitar os conflitos provocados por acessos de franqueza. Mas, quando se tratava de um superior, de um senhor, era prudente adular essa quimera. Daí as lisonjas que, pouco a pouco, atenuando-se e mutualizando-se ao mesmo tempo, e generalizando-se sob essa forma recíproca, tornaram-se a base da urbanidade. Elas começam sempre por ser interessadas e só se tornam desinteressadas com o passar do tempo. Pergunto-me se aquilo que os hindus disseram sobre a onipotência da prece não se explica pelo poder embriagador do elogio sobre almas ingênuas. A prece, antes de tudo, é o elogio hiperbólico. A natureza das lisonjas modifica-se com o tempo. Na China, para louvar alguém, diz-se que tem um ar idoso; entre nós, que rejuvenesceu. Na Idade Média, a um jovem religioso *ostentando* mortificações santificantes, o elogio mais fino consistia em dizer-lhe que era magro e descarnado. Há um sentido perceptível na evolução das lisonjas, como na dos insultos? Comparando as invectivas dos heróis de Homero com as dos jornais difamadores, dir-se-ia que o vocabulário dos insultadores antes enriqueceu-se do que transformou-se. A todos os defeitos físicos, doenças, deformidades que se imputavam outrora aos inimigos, vieram juntar-se apenas os vícios da civilização, as depravações refinadas, as anomalias intelectuais que lhes são também atribuídas, que lhes são prodigalizadas. Mas essas injúrias públicas da imprensa, bem como seus elogios, são algo bem distinto das injúrias e dos elogios praticados nas relações privadas, tendo conservado alguma coisa de seu hiperbolismo primitivo. Tudo o que se dirige a esse personagem grosseiro, o público, exige cores gritantes e grosseiras também: cartazes, programas eleitorais, polêmicas de imprensa. Ainda assim é verdade que, comparadas às polêmicas entre sábios do século XVI, as de nossos jornais mais violentos, conservatórios da injúria, são bastante edulcoradas. Quanto aos insultos privados, seu adoçamento foi bem mais rápido ainda: eles passaram da brutalidade homérica à mais discreta ironia e, em vez de visarem sobretudo os defeitos físicos, põem cada vez mais o acento nas insuficiências intelectuais ou nas inconveniências morais. Esse duplo progresso é certamente irreversível.

Essas duas mesmas características observam-se na evolução do elogio, com igual aparência de irreversibilidade. Seguramente, nenhum monarca, nenhum grande homem de nossos dias suportaria os elogios extravagantes que os faraós se faziam dirigir por intermédio de seus sacerdotes, ou que Píndaro vertia a cântaros sobre a cabeça coroada dos atletas. O tom das dedicatórias nos livros de dois séculos atrás ainda nos faz sorrir. Se compararmos as conversações e as discussões privadas com as do passado, dos séculos XVIII, XVII e XVI, das quais restam amostras, constataremos sem dificuldade que a parte da lisonja direta, como da injúria franca, vem declinando: esses pesados patacões se dividiram e subdividiram em moeda miúda finíssima. Por outro lado, a natureza dessas lisonjas mais veladas não mudou menos que a das injúrias disfarçadas. Começou-se por louvar sobretudo a força física da divindade (ver o livro de Já), depois sua sabedoria e inteligência, enfim sua bondade. Não se irá voltar para trás. Do mesmo modo, começou-se por louvar sobretudo a potência dos reis, depois sua habilidade, seu gênio de organização, enfim sua solicitude para com os povos. Todo o lirismo dos poetas lisonjeadores, a quem se dirigia nos tempos mais antigos da Grécia? Aos atletas, mais ainda que aos artistas. Atualmente ocorre o inverso e, apesar do entusiasmo pelos campeões de velódromos ou de futebol, não há que temer que essa ordem seja invertida. Pode-se observar no entanto que as lisonjas endereçadas às mulheres evoluíram quase em sentido contrário dos precedentes. Inicialmente louvaram-se as virtudes das mulheres, seu espírito de ordem e economia, seus talentos como *tecelãs*, depois como músicas, antes de louvar-se, ao menos publicamente, sua beleza física; agora, quando as louvamos, é mais por serem belas do que por serem virtuosas ou mesmo por terem graça. Mas o elogio feito a sua beleza teve sua pequena evolução especial que obedece à tendência geral: após se enaltecer suas formas mais que sua graça, se enaltece sua graça mais que suas formas.

Considerem-se duas pessoas, homens ou mulheres, que se fazem uma visita de cortesia e que conversam juntas. Elas evitam com cuidado os assuntos em que correriam o risco de divergir de opinião; ou, se não podem escapar à necessidade de abordá-los, dissimulam o máximo possível sua contradição; muitas chegam até a fazer o sacrifício parcial de suas ideias para dar a aparência de estar de acordo. A conversação polida pode, portanto, ser vista como um exercício contínuo e universal de sociabilidade, como um esforço unânime e contagioso para harmonizar os espíritos e os corações, para apagar ou dissimular suas desarmonias. Os conversadores são animados de um boa vontade evidente de querer concordar em tudo e, de fato, *sugerem-se* inconscientemente um ao outro, com uma grande força, sentimentos e ideias consonantes. O caráter recíproco dessa sugestão jamais é perfeito, porém; geralmente a ação exercida por um dos interlocutores sobre o outro ou sobre os outros é predominante e reduz a muito pouco a ação destes últimos. Seja como for, é certo que as práticas de cortesia mantidas pelas conversas de visitas lavram em profundidade o solo onde a unanimidade social deve florescer e são sua preparação indispensável.

A conversação foi o berço da crítica literária[30]. No século XVII, como podemos ver pela correspondência de Bussy-Rabutin com sua atenciosa prima, longa conversação escrita, os temas de conversa das sociedades polida versavam em grande parte sobre o mérito comparado dos livros e dos autores. Trocavam-se e discutiam-se opiniões sobre as últimas tragédias de Racine, um conto de La Fontaine, uma epístola de Boileau, uma obra jansenista. E, se examinarmos de perto todas essas conversas, vemos que elas tendiam sempre a harmonizar-se, após discussões, numa mesma maneira de ver. Foi assim em qualquer época e qualquer que fosse o tema dominante das conversações. Em especial, onde quer que, num certo meio, se falou muito de literatura, trabalhou-se sem

---

30. Efeito notável, se pensarmos sobretudo na importância conquistada pela crítica literária em nossa época, quando ela julga tudo no próprio domínio da crítica filosófica, da política, das ideias sociais.

saber na elaboração de uma arte poética, de um código literário aceito por todos e capaz de fornecer juízos precisos, sempre de acordo entre eles, sobre todos os tipos de produções do espírito. Assim, quando vemos em algum lugar um autor formular uma legislação estética desse gênero, seja Aristóteles, seja Horácio, seja Boileau, podemos estar seguros de que foi precedido por um longo período de conversação, por uma vida de sociedade intensa. Estejamos certos, portanto, de que muito se conversou literariamente antes de Aristóteles e seu tempo, em Atenas e no resto da Grécia, desde os sofistas, o mesmo acontecendo em Roma desde os Cipiões e em Paris depois das preciosas e antes delas. A época da Restauração acabou tendo também sua poética romântica, não menos despótica por ser anônima. Em nossa época, não há ainda uma que se imponha, mas seus elementos se preparam, e deve-se observar que tendo o domínio da conversação, literária e não apenas política e social, se alargado muito com o acréscimo no número de participantes, a elaboração do código em via de gestação será mais longa que nas época anteriores, porque, quanto maior a cuba, mais prolongada é a fermentação. Tanto pela discussão como pela troca de ideias, tanto pela concorrência e a guerra como pelo trabalho, colaboramos todos, e sempre, para uma harmonia superior de pensamentos, palavras e atos, para um equilíbrio estável de juízos formulados em dogmas literários, artísticos, científicos, filosóficos e religiosos, ou para um equilíbrio estável de ações sob a forma de leis e de princípios morais. A lógica social opera, com efeito, em todos os discursos e em todos os atos dos homens, tendendo necessariamente a seus fins.

Bem depois da conversação, e bastante abaixo dela, situa-se a correspondência epistolar como fator da opinião. Mas esse segundo tema, ligado por um vínculo estreitíssimo ao precedente, não irá nos reter por muito tempo. A troca de cartas é uma conversa a distância, uma conversa continuada apesar da ausência. Por conseguinte, as causas que favorecem a conversação – crescimento dos lazeres, unificação da linguagem, difusão dos conhecimentos comuns, nivelamento das posições etc. – contribuem também para tornar mais ativa a correspondência, mas com a condição de que se juntem a causas mais especiais das quais esta depende. São elas: a facilidade das viagens que tornam mais frequentes os casos de ausência, a vulgarização da arte de escrever e o bom funcionamento do serviço de correios.

Poder-se-ia pensar, à primeira vista, que as viagens, ao multiplicarem as cartas, tornariam mais raras as conversas. Mas a verdade manifesta é que os países onde mais se viaja são aqueles onde mais se conversa e onde mais se escreve. Assim, o desenvolvimento das estradas de ferro, em vez de entravar o progresso da indústria de veículos, estimulou-a. Se os hábitos nômades de nossos contemporâneos interrompem com frequência, entre velhos amigos, entre concidadãos de uma mesma cidade, "esses doces chilreias do crepúsculo", *lenes sub nocte susurri*, que "se repetem à hora costumeira", como dizia Horácio, eles permitem, em contrapartida, a um número sempre crescente de estrangeiros verem-se e falarem-se em conversas mais instrutivas, quando não também deliciosas. O que se ganhou em curiosidade supera o que se perdeu em intimidade; e, por mais sensível que eu seja a essa perda, resigno-me a ela ao pensar que não é mais que transitória. Será que não podemos erigir em princípio – para tornar mais claro nosso tema – que as correspondências escritas, as conversações e as viagens estão em estreita relação, de tal forma que, se virmos a descobrir num povo, em certo momento, a progressão de um desses três termos, por exemplo as viagens, teremos o direito de deduzir a progressão dos outros dois, e inversamente? Os tempos em que se foi mais *epistolar* (isso antes do advento recente do jornalismo, que mudou um pouco as coisas a esse respeito, como veremos) são também aqueles em que mais se viajou e mais se conversou. Tal foi a época de Plínio, o Jovem, e também a do século XVI francês. "O século XVI", diz um historiador, "é antes de tudo um século de epistológrafos. O número das cartas políticas, de reis, ministros, oficiais da marinha e embaixadores, conservadas nos manuscritos da biblioteca nacional, é incalculável. Figuram ali, do mesmo modo, correspondências religiosas e íntimas"[31]. Na Espanha, se compararmos esse país às outras nações ocidentais da Europa, escreve-se pouco. É sempre e em toda parte nas camadas mais viajantes da nação que o fogo da conversação se inflamou e se sentiu a necessidade de trocar correspondências; na Grécia, entre os retóricos, os sofistas, mercadores ambulantes da sabedoria, no seio de um povo aliás marítimo e instável; em Roma, entre a aristocracia propensa ao nomadismo e ao turismo; na Idade Média, nas fileiras da Universidade e da Igreja, quando

---

31. Surge então toda a hierarquia das fórmulas de polidez e o cerimonial epistolar. A um superior se diz *Meu senhor*, a um igual, *Senhor.* Começa-se por: "a vossa mercê me dirijo" ao escrever a alguém importante. Conclui-se por: "implorando que Nosso Senhor vos conceda perfeita saúde e longa vida". Os graus são marcados pelas palavras que precedem a assinatura: "Vosso bom serviçal, vosso obediente servidor, vosso humilde servidor" (Decrue de Stoutz). Acrescentemos que as cartas, no século XVI, são, como as conversações das quais nos dão uma imagem exata, desprovidas de reserva e bom gosto, indiscretas, indecentes e indelicadas ao extremo. O século seguinte difundirá o sentimento das nuances.

monges pregadores, bispos, legados, abades, abadessas inclusive (abadessas sobretudo), deslocavam-se facilmente e viajavam tão longe, em comparação com o resto da população. Os primeiros serviços de correio começaram por ser um privilégio universitário ou eclesiástico, ou melhor, para remontar mais acima, da realeza antes de tudo.

Dessa instituição importante, direi apenas uma palavra para fazer notar que seu desenvolvimento se conforma à lei da propagação dos exemplos *de cima* para *baixo*. Os reis e os papas primeiramente, a seguir os príncipes e os prelados, tiveram seus mensageiros particulares antes que os simples senhores feudais, depois seus vassalos e sucessivamente todas as camadas da nação até a última, também cedessem à tentação de se escreverem. Quando, por sua lei de 19 de junho de 1494, Luís XI organizou o Serviço de Correios, os mensageiros só transportavam cartas do monarca, mas "de particular do rei que era", diz o sr. du Camp, "esse serviço não tarda a tornar-se administrativo, sob a expressa reserva de que as cartas fossem lidas e nada contivessem que pudesse prejudicar a autoridade real". Luís XI sabia muito bem da ação poderosa que a correspondência dos particulares ia exercer sobre a opinião nascente. Pela primeira vez sob Richelieu, o que mostra bem sua progressão numérica, as cartas são submetidas a uma tarifa regular (1627)[32]. "Pode-se facilmente perceber o crescimento extraordi-

---

32. Mas as *cartas privadas* – já que as correspondências, ao falarmos antes do século XVI, eram de interesse político – devem ter permanecido pouco numerosas até meados do século XVII, a julgar por uma passagem das Memórias de Mademoiselle de Montpensier, citada por Roeder. Era da princesa de Parthénie (Madame de Sablé): "Foi a partir de sua época que se passou a escrever. Só se escreviam contratos de casamentos; *de carias, ninguém ouvia falar...*"

nário que teve esse serviço na França, comparando o valor das arrecadações sucessivas do imposto." Ele aumentou de dois milhões e meio em 1700 para dez milhões em 1777, isto é, quadruplicou. Atualmente, a estatística dos correios permite calcular o aumento rápido e contínuo do número de cartas nos diversos Estados[33] e avaliar assim a elevação desigual, mas em toda parte regular, da necessidade geral a que respondem. Deste modo ela é bastante adequada a nos instruir sobre os graus desiguais e os progressos da sociabilidade.

Mas essa mesma estatística é também um bom indicador de que há sempre *qualidades* ocultas sob as quantidades sociais, das quais a estatística em geral é a medida aproximativa[34]. Com efeito, nada mais semelhante exteriormente do que as cartas, numa mesma época e num mesmo país, e parece que a condição de unidades homogêneas para os cálculos do estatístico não poderia ser mais bem preenchida. As cartas têm praticamente o mesmo formato, o mesmo modo de envelopar e lacrar, o mesmo tipo de sobrescrito. Elas levam, agora, selos postais idênticos. A estatística criminal e civil está bem longe, por certo, de contar unidades a tal ponto similares. Mas abram-se as cartas, quantas diferenças características, profundas e substanciais, apesar da constância das fórmulas sacramentais do começo e do fim! Adicionar essas coisas heterogêneas tem pouca importância, pois.

---

33. Na França, por exemplo, de 1830 a 1892, o número de cartas cresceu de ano a ano, *regularmente* (salvo em 1848 e 1870), de 63 milhões para 773 milhões. De 1858 a 1892, o número de despachos telegráficos elevou-se de 32 para 463 milhões, em números redondos.

34. Se fosse o lugar, eu mostraria que não são menores as qualidades dissimuladas sob as quantidades físicas medidas por procedimentos científicos, análogos no fundo à estatística e não menos enganosos que ela, embora de aparência mais sólida.

Sabe-se o número delas, não se sabe sequer sua extensão. Seria curioso, no entanto, saber ao menos se, à medida que se tornam mais numerosas, elas não se tornariam mais curtas, o que parece provável, e mais secas também. E se existisse uma estatística das conversações[35], que seria igualmente legítima, gostaríamos do mesmo modo de ser informados sobre sua duração, a qual poderia muito bem, em nosso século atarefado, estar em razão inversa de sua frequência. As cidades onde chove mais, onde cai mais água do céu – que me perdoem essa comparação – são muitas vezes aquelas onde chove com menos frequência. Seria sobretudo interessante conhecer as transformações íntimas do conteúdo das cartas assim como das conversações, e a estatística não nos oferece aqui nenhuma indução.

Sob esse aspecto, não parece haver dúvidas de que o advento do jornalismo imprimiu às transformações epistolares um impulso decisivo. A imprensa, que ativou e nutriu a conversação de tantos estímulos e alimentos novos, estancou, pelo contrário, muitas fontes de correspondência, desviadas para seu proveito. É evidente que, se houvesse na França, em março de 1658, gazetas cotidianas tão informadas, tão regularmente expedidas às províncias como o são nosso jornais, Olivier Patru não teria se dado ao trabalho, logo ele tão ocupado, de escrever a seu amigo de Ablaincourt uma longa carta contando-lhe os detalhes – que apareceriam hoje na primeira página do jornal – sobre a visita de Cristina da Suécia à Academia Francesa. Um grande serviço despercebido

---

35. Ela seria possível se cada um de nós mantivesse regularmente um diário íntimo semelhante ao dos Goncourt. Até aqui só se registram, em matéria de conversações, as sessões do Congresso ou de Sociedades científicas, e a estatística, nesse aspecto, atesta uma progressão constante.

que nos prestam os jornais é dispensar-nos de escrever aos amigos uma quantidade de notícias interessantes[36] sobre os acontecimentos do dia, que enchiam as cartas dos séculos passados.

Poder-se-á dizer que a imprensa, ao libertar e desembaraçar as correspondências privadas desse estorvo de crônicas, prestou à literatura epistolar o serviço de lançá-la em seu verdadeiro caminho, estreito mas profundo, da psicologia e da cordialidade? Temo que seja uma ilusão pensar assim. O caráter cada vez mais urbano de nossa civilização faz com que o número de nossos amigos e conhecidos não cesse de aumentar enquanto seu grau de intimidade diminui, pois o que temos a dizer ou a escrever dirige-se cada vez menos a indivíduos isolados e cada vez mais a grupos crescentemente numerosos. Nosso verdadeiro interlocutor, nosso verdadeiro correspondente, é, cada dia mais, o público[37]. Não é pois surpreendente que as notas de participação impressas[38],

---

36. Os jornalistas tiveram bastante cedo consciência desse tipo de utilidade. Renaudot, organizando sua *Gazeta* em 1631, fala do "alívio que elas [as gazetas) proporcionam àqueles que escrevem a seus amigos, aos quais eram obrigados antes, para contentar sua curiosidade, a descrever laboriosamente notícias muitas vezes inventadas sem motivo e baseadas na incerteza de um mero ouvir-dizer". Esse *alívio* era ainda apenas parcial nessa época, como vemos pela carta de Patru que acabamos de citar.

37. A necessidade de dirigir-se ao público é bastante recente. Mesmo os reis do Antigo Regime não se dirigiam jamais ao público: dirigiam-se a corporações, ao Parlamento, ao clero, jamais à nação como conjunto de habitantes; com mais forte razão ainda, aos particulares.

38. As notas de participação de nascimento, de casamento, de morte dispensaram a correspondência privada de um dos temas mais abundantes de outrora. Vemos, por exemplo, num volume da correspondência de Voltaire, uma série de cartas destinadas a anunciar aos amigos de Madame du Châtelet, com engenhosas e laboriosas variações de estilo, o nascimento da criança que ela acabara de dar à luz.

os anúncios e propagandas veiculados pelos jornais, venham progredindo bem mais rápido do que nossas cartas privadas. Talvez possamos até considerar como provável que, entre estas últimas, as cartas familiares, as cartas de conversa, que naturalmente devemos separar das cartas de negócios, tendem a diminuir em número, e mais ainda em tamanho, a julgar pelo extraordinário grau de simplificação e abreviação a que chegaram as próprias cartas de amor na "correspondência pessoal" de certos jornais[39]. O laconismo utilitário dos telegramas e das conversações telefônicas, que vão invadindo o domínio da correspondência, faz com que o estilo das cartas mais íntimas *perca a cor*. Invadida pela imprensa de um lado, pelo telégrafo e o telefone de outro, se a correspondência sobrevive e, segundo a estatística dos correios, dá inclusive sinais ilusórios de prosperidade, isto só se deve possivelmente à multiplicação das cartas de negócios.

A carta familiar, pessoal, desenvolvida, foi eliminada pelo jornal, e o fato é compreensível, já que este é o equivalente superior, ou melhor, o prolongamento e a amplificação, a irradiação universal daquela. O jornal, com efeito, não tem as mesmas origens do livro. O livro procede do *discurso*, do monólogo e, antes de tudo, do poema, do canto. O livro de poesia precedeu o livro de prosa; o livro sagrado, o livro profano. A origem do livro é lírica e religiosa. Mas a origem do jornal é leiga e familiar. Ele procede da carta privada que, por sua vez, procede da

---

39. O que vai se abreviando e se simplificando incontestavelmente em todo tipo de cartas é o cerimonial. Compare-se o "seu sincero amigo" de hoje às fórmulas finais dos séculos XVI e XVII. A transformação das formas sacramentais da conversação nesse mesmo sentido parece inquestionável, mas, como elas não deixaram vestígio duradouro, é mais fácil estudar esse progresso ou essa regressão na correspondência do passado e do presente.

conversa. Assim é que os jornais começaram por ser cartas privadas dirigidas a personalidades e copiadas num certo número de exemplares. "Antes do jornalismo impresso, público[40], mais ou menos tolerado ou, mesmo, mais ou menos utilizado pelos governos, houve por muito tempo na Europa um jornalismo manuscrito com frequência clandestino", que persistiu ou sobreviveu até o século XVIII através das cartas de Grimm ou das memórias de Bachaumont.

As epístolas de São Paulo, as cartas dos missionários, são verdadeiros jornais. Se São Paulo tivesse à sua disposição uma *Semana religiosa* qualquer, teria escrito artigos de jornal.

Em suma, o jornal é uma carta pública, uma conversação pública, que, procedendo da carta privada, da conversação privada, torna-se a grande reguladora e a nutridora mais abundante destas, uniforme para todos no mundo inteiro, mudando profundamente para todos de um dia para o outro. Ele começou por ser apenas um eco prolongado das conversas e correspondências, acabou tornando-se a fonte quase única destas. Ainda vive das correspondências, vive mais que nunca delas, sobretudo sob a forma mais concentrada e moderna desse serviço, o despacho telegráfico. De um telegrama privado ao redator-chefe o jornal faz uma notícia sensacional e de intensa atualidade, que instantaneamente, em todas as grandes cidades de um continente, irá agitar multidões; e dessas multidões dispersas, tocando-se a distância intimamente por meio da consciência que ele lhes dá de sua simultaneidade, de sua mútua ação nascida da dele, o jornal vai fazer uma única e imensa multidão, abstrata e soberana, que batizará com o nome de opinião. Deste

---

40. *Journalisme*, por Eugene Dubief. Paris, 1892.

modo ele completa o longo trabalho secular que a conversação havia começado, que a correspondência havia prolongado, mas que permanecia sempre no estado de esboço disperso e disjunto, trabalho de fusão das opiniões pessoais em opiniões locais, destas em opinião nacional e em opinião *mundial*, unificação grandiosa do espírito público. Digo do espírito *público*, e não dos espíritos nacionais, *tradicionais*, que permanecem distintos em seu âmago sob a dupla invasão desse internacionalismo *racional*, mais sério, do qual o primeiro em geral não é mais que a repercussão e o ressoador popular. Poder enorme, apesar de tudo, e que irá crescendo necessariamente. Pois a necessidade de harmonizar-se com o público de que faz parte, de pensar e agir no sentido da opinião, torna-se tanto mais forte e irresistível quanto mais numeroso o público, quanto mais grandiosa a opinião e quanto mais frequentemente essa própria necessidade for satisfeita. Não devemos pois surpreender-nos de ver nossos contemporâneos curvarem-se tanto ao vento da opinião que passa, nem concluir daí, necessariamente, que seu caráter debilitou-se. Quando os álamos e os carvalhos são derrubados pela tempestade, não é que tenham se tornado mais fracos, e sim que o vento tornou--se mais forte.

CAPÍTULO III
AS MULTIDÕES E AS SEITAS CRIMINOSAS[1]

Até os dias de hoje, durante toda a duração dessa crise de individualismo que, desde o século XVIII, causou estragos por toda parte, tanto em política e em economia política como em moral e em direito, e mesmo em religião, o delito era visto como o que havia de mais essencialmente individual no mundo; e, entre os criminalistas, havia-se perdido, por assim dizer, a noção de delito indiviso, do mesmo modo que, entre os próprios teólogos, a ideia de pecado coletivo, se não inteiramente a de pecado hereditário. Quando os atentados de conspiradores, quando as façanhas de um grupo de bandidos forçavam a reconhecer a existência de crimes cometidos

---

1. Creio dever reimprimir aqui, como útil complemento dos estudos precedentes, este estudo já publicado (em dezembro de 1893) na *Revue des Deux Mondes* e, depois, em meus *Essais et Mélanges* (Storck et Masson, 1895). Já antes dessas últimas datas eu vinha me ocupando da psicologia das multidões. Permito-me remeter o leitor curioso desse tipo de literatura à minha *Philosophie pénale* (Storck et Masson, 1890), capítulo intitulado *Le Crime*, pp. 323 ss., e à minha dissertação sobre os crimes das multidões, apresentada e discutida no Congresso de Antropologia Criminal de Bruxelas em agosto de 1892, reproduzidos a seguir em *Essais et Mélanges*.

coletivamente, logo buscava-se decompor essa nebulosa criminal em delitos individuais, dos quais ela não seria mais que a soma. Contudo, hoje em dia, a reação sociológica ou socialista contra essa grande ilusão *egocêntrica* deve naturalmente chamar de volta a atenção para o aspecto social dos atos que o indivíduo se atribui sem razão. Assim, passou-se a examinar com curiosidade a criminalidade das seitas – a respeito da qual nada iguala em profundidade ou em intensidade os trabalhos de Taine sobre a psicologia dos jacobinos – e, mais recentemente, a criminalidade das multidões. Temos aí duas espécies muito diferentes de um mesmo gênero, o delito de *grupo*; e não será inútil nem inoportuno estudá-los conjuntamente.

A dificuldade não é encontrar crimes coletivos, mas descobrir crimes que não contenham, que não impliquem em grau nenhum a cumplicidade do meio. Tanto assim que poderíamos nos perguntar se há realmente crimes individuais, como já se perguntou se há obras de gênio que não sejam uma obra coletiva. Analise-se a situação do malfeitor mais feroz e solitário, no momento de sua ação; ou então o estado de alma do inventor mais esquivo, no momento de sua descoberta; e suprima-se tudo aquilo que, na formação desse estado febril, se deve a influências de educação, a aprendizagem com amigos, a acidentes biográficos; o que irá restar? Muito pouco, mas algo, e algo essencial, que não tem a menor necessidade de isolar-se para ser si mesmo. Ao contrário, esse algo que não sei o que é, e que é todo o *eu* individual, tem necessidade de misturar-se ao exterior para tomar consciência de si mesmo e se fortalecer; ele se alimenta daquilo que o altera. É por múltiplas ações de contato com pessoas estranhas que ele se desenvolve apropriando-se delas, na medida muito variável em que lhe é dado apropriar-se delas mais do que ser assimilado por alguma delas. De resto, ainda que se submetendo, ele permanece si mesmo na maioria das vezes e sua servidão é sua. Por onde se vê que Rousseau virava as costas à realidade quando, para realizar o mais alto ponto possível de autonomia individual, julgava necessário um regime de solidão incompleta, de solidão a dois, do Mestre e do Discípulo, inteiramente hipnotizante para este último. Seu *Emz1io* é a própria personificação e a refutação pelo absurdo do individualismo próprio de sua época. Se a solidão é fecunda e, inclusive, a única realmente fecunda, é porque ela alterna com uma vida intensa de relações, de experiências e leituras, das quais é a meditação.

Apesar de tudo, é lícito chamar de individuais os crimes, como em geral os atos quaisquer, executados por uma única pessoa em função de influências vagas, remotas e confusas de outrem, de um outrem indefinido e indeterminado; e pode-se reservar o epíteto de coletivo aos atos produzidos pela colaboração imediata e direta de um número limitado e preciso de coexecutantes.

Certamente, nesse sentido, há obras de gênio individuais; ou melhor, nesse sentido, em matéria de gênio há tão somente o individual. Pois, fato notável, enquanto moralmente as coletividades são suscetíveis dos dois excessos contrários, da extrema criminalidade ou às vezes até do extremo heroísmo, o mesmo não ocorre intelectualmente; e, se elas chegam a descer a profundezas de loucuras ou de imbecilidade desconhecidas pelo indivíduo formado à parte, não conseguem porém elevar-se à manifestação suprema da inteligência e da imaginação criadora. Elas podem, na ordem moral, cair muito fundo ou subir muito alto; na ordem intelectual, podem apenas cair muito fundo. Se há perversidades coletivas de que o indivíduo sozinho seria incapaz, assassinatos e pilhagens por bandos armados, incêndios revolucionários, massacres, noites de São Bartolomeu, epidemias de venalidades etc., há também heroísmos coletivos em que o indivíduo eleva-se acima de si próprio, legendárias arremetidas de soldados, revoltas patrióticas, epidemias de martírios, noite de 4 de agosto de 1789* etc. Mas, às demências e imbecilidades coletivas, de que vamos citar exemplos, há atos de gênio coletivos que possamos opor?

Não. Só se pode responder *sim* adotando sem provas a hipótese banal e gratuita segundo a qual as línguas e as religiões, obras geniais com certeza, teriam sido a criação espontânea e inconsciente das massas, e mais ainda: não das massas organizadas, mas das multidões incoerentes. Aqui não é o lugar de discutir essa solução muito cômoda de um problema capital. Deixemos de lado o que se passou na pré-história. A partir dos tempos históricos, qual a invenção, a descoberta, a iniciativa verdadeira que seja devida a esse ser impessoal, a multidão? Talvez as revoluções? Nem isso. O que as revoluções tiveram de puramente destruidor, a multidão pode reivindicá-lo, ao menos em parte; mas o que é que elas realmente fundaram e descobriram que não tenha sido concebido e premeditado antes e depois delas por homens superiores como Lutero, Rousseau, Voltaire, Napoleão? Citem-me um exército, inclusive o mais bem organizado, de onde tenha brotado espontaneamente um plano de campanha admirável, ou mesmo razoável; citem-me até um conselho de guerra que, para a concepção, não digo para a discussão, de uma manobra militar, tenha se equiparado ao cérebro do mais medíocre comandante em chefe. Alguma vez se

---

* Famosa sessão da Assembleia Constituinte na Revolução Francesa, em que foram suprimidos vários privilégios feudais e os últimos vestígios da servidão. (N. do T.)

viu uma obra-prima da arte, em pintura, escultura, arquitetura e também em epopeia, imaginada e executada pela inspiração coletiva de dez, de cem poetas ou artistas? Imaginou-se isso da *Ilíada*, em certa época de má metafísica; rimo-nos disso agora. Tudo o que é genial é individual, mesmo em matéria de crime. Não é jamais uma multidão criminosa, nem uma associação de malfeitores, que inventa uma nova forma de assassinato ou de roubo; foi uma série de assassinatos ou de ladrões de gênio que elevou gradualmente a arte de matar ou de pilhar a seu ponto de aperfeiçoamento atual.

A que se deve o contraste assinalado? Por que a grande manifestação da inteligência é recusada aos grupos sociais, ao passo que a grande e poderosa manifestação da vontade, e até da virtude, lhe é acessível? É que o ato de virtude mais heroico é algo muito simples em si e não difere do ato de moralidade comum, a não ser em grau; ora, a capacidade de uníssono que se manifesta nos ajuntamentos humanos, em que as emoções e opiniões se reforçam rapidamente por seu contato múltiplo, é precisamente, e por excelência, exagerada. Mas a obra de gênio ou de talento é sempre complicada, e difere em natureza, e não apenas em grau, de um ato de inteligência vulgar. Não se trata mais, como nesse caso, de perceber e lembrar confusamente, de acordo com um modelo conhecido, mas de fazer com percepções e imagens conhecidas combinações novas. Ora, à primeira vista, parece que dez, cem, mil cabeças reunidas seriam mais aptas que uma só para abarcar todos os lados de uma questão complexa; esta é uma ilusão tão persistente, tão sedutora quanto profunda. Em todas as épocas, os povos ingenuamente imbuídos desse preconceito esperaram, nos momentos de aflição, de assembleias religiosas ou políticas o alívio de seus males. Na Idade Média, os concílios; na era moderna, os estados-gerais, os parlamentos – eis aí as panaceias reclamadas pelas multidões enfermas. A superstição do júri nasceu de um erro semelhante, sempre malogrado e sempre a renascer. Em realidade, não foram jamais simples reuniões de pessoas, foram antes *corporações*, como certas grandes ordens religiosas ou certas arregimentações civis ou militares, que responderam, às vezes, às necessidades dos povos, mesmo assim deve-se observar que, inclusive em sua forma corporativa, as coletividades mostram-se impotentes para criar o novo. Assim é, qualquer que seja a habilidade do mecanismo social em que os indivíduos são engrenados e arregimentados.

Pois será possível igualar ao mesmo tempo em complexidade e elasticidade de estrutura o organismo cerebral, esse incomparável exército de células nervosas que cada um de nós traz em sua cabeça?

Assim, enquanto um cérebro bem-feito continuar prevalecendo em funcionamento rápido e seguro, em absorção e elaboração pronta de elementos múltiplos, em solidariedade íntima de incontáveis agentes, sobre o Parlamento mais bem constituído, será inteiramente pueril, ainda que verossímil *a priori* e escusável, contar com insurreições ou com corpos deliberativos, e não com um homem, para tirar um país de uma dificuldade. De fato, sempre que uma nação atravessa um desses períodos em que não é apenas de grandes arrebatamentos do coração, mas de grandes capacidades de espírito que ela tem uma necessidade imperiosa, a exigência de um governo pessoal se impõe, sob forma republicana, monárquica ou qualquer outra forma parlamentar. Protestou-se com frequência contra essa necessidade, que parecia ser uma *sobrevivência*, e da qual inutilmente se buscou a causa; talvez sua razão oculta esteja implicitamente dada pelas considerações precedentes.

Estas podem servir também para precisar em que consiste a responsabilidade dos líderes relativamente aos atos cometidos pelos grupos que dirigem. Uma assembleia ou uma associação, uma multidão ou uma seita, não tem outra *ideia* a não ser a que lhe insuflam, e essa ideia, essa indicação mais ou menos inteligente de um objetivo a perseguir, de um meio a empregar, por mais que se propague do cérebro de um só ao cérebro de todos, permanece a mesma; o insuflador é, portanto, responsável por seus efeitos diretos. Mas a emoção que se junta a essa ideia e que se propaga com ela não permanece a mesma ao se propagar, intensifica-se por uma espécie de progressão matemática, e o que era desejo moderado ou opinião hesitante no autor dessa propagação, no primeiro inspirador de uma suspeita, por exemplo, lançada contra uma categoria de cidadãos, torna-se prontamente paixão e convicção, ódio e fanatismo, na massa fermentescível em que esse germe se instalou. A intensidade da emoção que move esta e que a conduz aos excessos, para o bem ou para o mal, é, portanto, em grande parte sua obra própria, o efeito do mútuo aquecimento dessas almas reunidas por seu mútuo reflexo; e seria tão injusto imputar a seu líder todos os crimes decorrentes dessa superexcitação quanto atribuir-lhe todo o mérito das grandes obras de libertação patriótica, dos grandes atos de devoção suscitados pela mesma febre. Aos chefes de um bando ou de uma insurreição, portanto, sempre se pode pedir contas da astúcia e da habilidade que seus seguidores demonstraram na execução de massacres, pilhagens, incêndios, mas nem sempre da violência e da extensão dos males causados por seus contágios criminosos. Cabe homenagear apenas o general por seus planos de campanha, mas não pela bravura de seus soldados. Não digo que essa distinção seja suficiente para simplificar todos os problemas de responsabilidade suscitados pelo nosso tema, mas digo que convém levá-la em conta para tentar resolvê-los.

Do ponto de vista intelectual, como de outros pontos de vista, há diferenças notáveis a estabelecer entre as diversas formas de agrupamentos sociais. Não contemos aqueles que consistem numa simples aproximação material. Passantes numa rua movimentada, viajantes reunidos, amontoados até num paquete, num vagão de trem, num restaurante de hotel, silenciosos ou sem conversação geral entre si, estão agrupados fisicamente, não socialmente. Diria o mesmo dos camponeses aglomerados numa feira, por mais tempo que demorem a fazer transações entre si, a buscar separadamente seus objetivos distintos ainda que semelhantes, sem nenhuma cooperação numa mesma ação comum. Tudo o que se pode dizer dessas pessoas é que elas contêm a virtualidade de um agrupamento social, na medida em que semelhanças de língua, de nacionalidade, de culto, de classe, de educação, todas de origem social, isto é, todas causadas por uma difusão imitativa a partir de um primeiro inventor anônimo ou conhecido, as predispõem a associar-se mais ou menos estreitamente, se a ocasião exigir. Se uma explosão de dinamite ocorre na rua, se o barco ameaça afundar, o trem descarrilar, se um incêndio irrompe no hotel ou se uma calúnia contra um suposto açambarcador se espalha na feira, prontamente esses indivíduos associáveis se tornarão associados na busca de um mesmo fim sob a influência de uma mesma emoção.

Então nascerá espontaneamente esse primeiro grau da associação que chamamos de multidão. Através de uma série de graus intermediários, passa-se desse agregado rudimentar, fugaz e amorfo, a um nível superior, à multidão organizada, hierarquizada, duradoura e regular, que pode ser chamada de corporação, no sentido mais amplo da palavra. A expressão mais intensa da corporação religiosa é o mosteiro; da corporação leiga, é o regimento ou a oficina de trabalho. A expressão mais vasta de ambas é a Igreja ou o Estado. Ou melhor, façamos observar que as Igrejas e os Estados, as religiões e as nações, tendem sempre, nos períodos de crescimento robusto, a realizar o tipo corporativo, monástico ou regimental, sem jamais lográ-lo por completo, felizmente; sua vida consiste em oscilar de um tipo a outro, em dar sucessivamente a ideia de uma grande multidão, como os Estados bárbaros, ou de uma grande corporação, como a França de São Luís. O mesmo acontecia com as chamadas corporações durante o Antigo Regime; elas eram bem menos corporações em tempos ordinários do que federações de oficinas, sendo, estas sim, pequenas corporações bastante reais, cada qual regida autoritariamente por um patrão. Mas quando um perigo comum fazia convergir para um mesmo objetivo, como o ganho de um processo, todos os operários de um mesmo ramo da indústria, a exemplo do que ocorria em tempos de guerra com todos os cidadãos de uma nação, o laço federativo era prontamente atado e uma personalidade governante surgia. No intervalo dessas colaborações unânimes, a associação reduzia-se, entre as oficinas federadas, à busca de um certo ideal estético ou econômico, do mesmo modo que, no intervalo das guerras, a preocupação com um certo ideal patriótico representa toda a vida nacional dos cidadãos. Uma nação moderna, sob a ação prolongada das ideias igualitárias, tende a tornar-se de novo uma grande multidão complexa, mais ou menos dirigida por líderes nacionais ou locais.

Mas a necessidade de ordem hierárquica é tão imperiosa nessas sociedades aumentadas que, fato notável, à medida que se democratizam, elas são às vezes forçadas a militarizar-se cada vez mais, fortalecendo, ampliando essa corporação essencialmente hierárquica e aristocrática, o exército (sem falar da administração pública, esse outro exército imenso); e deste modo, talvez, ela se prepara, quando o período belicoso tiver terminado, para revestir sob uma forma pacífica, industrial, científica, artística, a forma corporativa, para tornar-se uma imensa oficina.

Entre os dois polos extremos que acabo de indicar, podem situar-se certos grupos temporários, mas recrutados segundo uma regra fixa ou submetidos a um regulamento sumário, tais como o júri, ou mesmo certas reuniões habituais de prazer, como um salão literário do século XVIII, a corte de Versalhes, um público de teatro, os quais, apesar da superficialidade de seu objetivo ou de seu interesse comum, aceitam uma etiqueta rigorosa, uma hierarquia fixa de posições diferentes, ou, enfim, certas reuniões científicas ou literárias, as academias, que são antes conjuntos de talentos em intercâmbio do que feixes de colaboradores. Entre as variedades da espécie-corporação, citemos as conspirações e as seitas, tão frequentemente criminosas. As assembleias parlamentares merecem um lugar à parte. São, antes de mais nada, multidões complexas e contraditórias, multidões duplas, por assim dizer – como dizemos monstros duplos –, em que uma maioria tumultuosa é combatida por uma ou várias minorias, e nas quais, por consequência e por sorte, o mal da unanimidade, esse grande perigo das multidões, é em parte neutralizado.

Mas, multidão ou corporação, todas as espécies de associação verdadeira têm o caráter idêntico e permanente de serem produzidas, de serem conduzidas em maior ou menor grau por um chefe aparente ou oculto; oculto com muita frequência quando se trata de multidões, sempre aparente e destacado no caso das corporações. A partir do momento em que um conjunto de homens põe--se a vibrar numa mesma comoção, anima-se e marcha para seu objetivo, pode-se afirmar que um inspirador ou um líder qualquer, ou um grupo de líderes ou de inspiradores, entre os quais um só é o fermento ativo, insuflou--lhe a alma, subitamente aumentada, deformada, monstruosa, e perante a qual ele próprio é às vezes o primeiro a surpreender-se, o primeiro a assustar-se. Assim como toda oficina tem seu diretor, todo convento, seu superior, todo regimento, seu general, toda assembleia, seu presidente, e toda facção de assembleia, seu líder, assim também todo salão animado tem seu corifeu de conversação, toda sublevação, seu chefe, toda corte, seu rei, seu príncipe ou seu principelho, toda claque, seu chefe de claque. Um público de teatro só merece até certo ponto ser considerado como formando uma espécie de associação quando aplaude, porque acompanha, repercutindo-o, o impulso de um aplauso inicial, e também quando escuta, porque sofre a sugestão do autor, expressa pela boca do ator que fala. Em toda parte, portanto, visível ou não, reina a distinção entre *condutor* e *conduzidos*, tão importante em matéria de responsabilidade. O que não quer dizer que as vontades de todos estejam aniquiladas perante a de um só. Esta – aliás, também sugerida, eco de vozes exteriores ou interiores das quais não é mais que a condensação original –, para impor-se às outras, foi obrigada a fazer-lhes concessões e a lisonjeá-las para conduzi--las. É o caso do orador, que procura não negligenciar as precauções oratórias, do autor dramático que deve sempre curvar-se aos preconceitos e aos gostos mutáveis de seus ouvintes, do líder que deve respeitar seu partido, de um Luís XIY, inclusive, mostrando deferências forçadas para com seus cortesãos.

Só que isso deve ser entendido diversamente, conforme se trate de reuniões espontâneas ou de reuniões organizadas. Nestas, para ser dominante, uma vontade deve surgir correspondendo em certa medida às tendências, às tradições das vontades dominadas; porém, uma vez surgida, ela executa-se com uma fidelidade tanto mais perfeita quanto mais bem organizado o grupo. Nas multidões, uma vontade imperativa não precisa conformar-se a tradições que nelas não existem, pode até ser obedecida não obstante sua fraca concordância com as tendências da maioria; mas, havendo ou não concordância, ela sempre é mal executada e altera-se ao impor-se. Pode-se afirmar que todas as formas de associação humana distinguem-se: 1) pela maneira como um pensamento ou uma vontade entre mil vai tornar-se dirigente, pelas condições da concorrência de pensamentos e vontades de que sairá vitoriosa; 2) pela maior ou menor facilidade que nela é oferecida à propagação do pensamento, da vontade dirigente. O que chamamos emancipação democrática tende a tornar acessível a todos a concorrência de que falamos, limitada de início a certas categorias de pessoas, gradualmente ampliadas. Mas todos os aperfeiçoamentos da organização social, sob forma democrática ou aristocrática, têm por efeito permitir que um propósito refletido, coerente, individual, entre de forma mais pura, menos alterada e mais profunda, por vias mais curtas e seguras, no cérebro de todos os associados. Um chefe de rebelião não dispõe jamais completamente de seus homens, um general quase sempre; a direção do primeiro, lenta e tortuosa, retrata-se em mil desvios, a do segundo processa-se rapidamente e em linha reta.

Não obstante, contestou-se, e com vigor[2], que, ao menos no caso das multidões, o papel dos condutores tivesse a universalidade e a importância que lhe atribuímos. De fato, há multidões sem condutor aparente. Grassa a fome numa região, em todos os cantos massas esfomeadas sublevam-se, exigindo pão; aqui não parece haver chefe, a unanimidade espontânea tomando o seu lugar. Observe-se porém mais de perto. Essas sublevações não se deflagraram todas ao mesmo tempo; seguiram-se como um rastilho de pólvora, a partir de uma primeira faísca. Em algum lugar ocorreu uma primeira sublevação, numa localidade mais sofrida ou mais efervescente que as outras, mais instigada por agitadores conhecidos ou ocultos, que deram o sinal da revolta. Depois, em localidades vizinhas, o impulso foi seguido, e os novos agitadores tiveram menos o que fazer, graças a seus predecessores; e assim, pouco a pouco, a ação destes prolongou-se, por imitação, de multidão a multidão, com uma força crescente que vai dispensando na mesma medida a ação de dirigentes locais, até que, finalmente, nenhuma direção se percebe, sobretudo quando o ciclone popular estendeu-se bem além dos limites onde teve sua razão de ser, da região onde faltou pão. Fato estranho – estranho ao menos para quem desconhece a força do arrebatamento imitativo –, a espontaneidade das sublevações torna-se, então, tanto mais completa quanto menos motivada. É o que esquece de observar um escritor italiano que nos

---

2. No Congresso de Antropologia Criminal de Bruxelas, em agosto de 1892, um cientista russo fez-nos essa objeção, invocando revoltas agrárias de seu país causadas pela fome; mais tarde, um cientista italiano, o Dr. Bianchi, que vamos citar, nos objetou fatos análogos. Em contrapartida, tomo conhecimento de que a tese aqui desenvolvida já o fora anteriormente, em 1882, por um destacado escritor russo, Mikhailovski, numa coletânea intitulada *Oetchestvennia Zapiski*.

opõe sem razão a agitação do alto Milanês em 1889. Ao longo dessa série de pequenas rebeliões rurais, ele viu várias delas produzirem-se quase espontaneamente, o que o deixou espantado, pois admite que a causa propalada dessa agitação não era suficiente para justificá-la: as acusações feitas aos proprietários a propósito dos arrendamentos de terras nada tinham de muito graves e, se o ano fora ruim, a importação de uma nova indústria havia compensado em parte o déficit das colheitas. Como acreditar, em tais condições, que esses camponeses italianos tenham-se sublevado espontaneamente, sem nenhum estímulo externo ou interno, ou melhor, externo e interno ao mesmo tempo? É ao primeiro desses movimentos que seria preciso remontar para nos convencermos de que o descontentamento popular, local e parcial antes de espalhar-se e generalizar-se, não brotou sozinho, de que houve ali, como em toda parte em caso de incêndio, incendiários espalhando de granja em granja, de estalagem em estalagem, a calúnia, a cólera, o ódio. Foram estes que deram à irritação surda por eles fomentada esta fórmula precisa: "Os proprietários recusam-se a baixar o preço de seus arrendamentos; para forçá-los, temos de meter-lhes medo." Os meios estão claramente indicados: juntar-se, gritar, cantar refrões ameaçadores, quebrar vidraças, pilhar e incendiar. Uma vez o contágio em marcha, um agente de desordem não precisa de grande esforço para fazer com que duzentos ou trezentos camponeses ou camponesas, saindo das vésperas ou da missa, por exemplo, decidam-se por esse tipo de manifestação. Basta lançar uma pedra, dar um grito, entoar um começo de canto; prontamente todo o mundo irá atrás, e dirão depois que essa desordem foi espontânea. Mas foi preciso necessariamente a iniciativa desse homem.

Considerados de forma panorâmica, todos os ajuntamentos tumultuosos que procedem de uma sublevação inicial e encadeiam-se intimamente uns aos outros, fenômeno habitual das crises revolucionárias, podem ser vistos como uma única e mesma multidão. Há, assim, multidões complexas, como em física há ondas complexas, encadeamentos dos grupos de ondas. Se nos colocarmos desse ponto de vista, veremos que não há multidões sem condutores e, além disso, perceberemos que, se da primeira dessas multidões *componentes* à última o papel dos condutores *secundários* vai se enfraquecendo, o dos condutores *primários* tende sempre a crescer a cada novo tumulto nascido de um tumulto precedente por contágio a distância. As epidemias de greve são a prova disso: a primeira a ser deflagrada, aquela no entanto em que as reivindicações são mais sérias e que deveria, por conseguinte, ser a mais espontânea de todas, sempre deixa transparecer a personalidade dos agitadores; as seguintes, embora às vezes sem repercussão – como vi esboçar-se entre operários de moinhos do Périgord, que queriam simplesmente estar na moda – dão a impressão de explosões sem mecha: dir-se-ia que elas disparam sozinhas como os fuzis ruins. Reconheço aliás que aqui o nome *condutores* aplicado a meros imitadores, que, sem desejá-lo expressamente, numa seminconsciência, acionaram o gatilho do fuzil, é bastante impróprio. Tomo um novo exemplo do Dr. Bianchi: numa aldeia, ao final do mês de maio, a população – já excitada pelo começo da colheita *e* do calor – percebe agentes da polícia, vindos para vigiá-la; a visão dos policiais a exaspera; ouvem-se assobios, depois gritos, em seguida cantos sediciosos, e eis essa gente humilde, velhos, crianças, mutuamente exaltada. A multidão se lança *e* se põe, naturalmente, a quebrar vidraças, a destruir tudo o que pode. Observe-se de passagem esse gosto singular das multidões pelas vidraças quebradas, pelo ruído, pela destruição pueril: é uma de suas numerosas semelhanças com os bêbados, cujo maior prazer, após esvaziar as garrafas, é quebrá-las. Nesse exemplo, o primeiro que assobiou, que gritou, provavelmente não se deu conta dos excessos que ia provocar. Mas não esqueçamos que se trata de uma agitação precedida de muitas outras que tiveram seus agitadores mais conscientes e voluntários.

Acontece também, com frequência, que uma multidão posta em movimento por um núcleo de exaltados, os supera *e* os reabsorve, e, tornando-se acéfala, parece não ter condutor. A verdade é que ela não o tem mais, como a massa fermentada não tem mais fermento.

Enfim – observação essencial –, o papel desses condutores é tanto maior e distinto quanto mais a multidão funciona harmonicamente, com nexo e inteligência, quanto mais ela se assemelha a uma pessoa moral, a uma associação organizada.

Vemos, portanto, em todos os casos, apesar da importância relacionada à natureza de seus membros, que a associação em última instância valerá o que vale seu chefe. O que importa antes de tudo é a natureza deste; isso se aplica um pouco menos, talvez, às multidões; mas em compensação, no caso destas, se a má escolha do chefe pode não produzir consequências tão desastrosas como numa associação corporativa, as chances de uma boa escolha são muito menores. As multidões e, igualmente, as assembleias, inclusive as assembleias parlamentares, estão prontas a se apaixonar por um bom orador, pelo primeiro desconhecido que aparecer; mas as associações de mercadores, os *collegia* da antiga Roma, as igrejas dos primeiros cristãos, quaisquer corporações, quando elegem seu *prior*, seu *bispo*, seu síndico, puseram durante muito tempo seu caráter à prova; ou, se o recebem pronto, como o exército, é das mãos de uma autoridade inteligente e bem informada. Elas são menos expostas aos "entusiasmos", pois nem sempre vivem no *estado reunido*, senão, na maioria das vezes, no *estado disperso*, que permite a seus membros, livres da coerção dos contatos, disporem de sua razão própria. Além disso, quando o chefe de uma corporação é reconhecido excelente, ainda que ele morra, sua ação sobrevive a ele[3]: o fundador de uma ordem religiosa, canonizado após a morte, vive e age sempre no coração de seus discípulos, e a seu impulso acrescenta-se o de todos os religiosos e reformadores que lhe sucedem e cujo prestígio, como o dele, aumenta e depura-se com distanciamento no tempo; ao passo que os bons condutores de multidões[4] – pois existem estes – cessam de agir tão logo desaparecem, mais prontamente esquecidos do que substituídos. As multidões só obedecem a condutores vivos e presentes, prestigiosos corporal, fisicamente, jamais a fantasmas de perfeição ideal, a memórias imortalizadas. Como acabo de indicar de passagem, as corporações, em sua longa existência, não raro várias vezes secular, apresentam uma *série* de líderes perpétuos, en-

---

3. Infelizmente isso também acontece, às vezes, quando o chefe merece menos essa sobrevivência. Os partidos políticos o provam. Na França, os boulangistas sobreviveram a Boulanger; no Chile, os balmacedistas a Balmaceda.

4. Numa conferência sobre a Conciliação industrial e o papel dos líderes (Bruxelas, 1892), um engenheiro belga muito competente, sr. Weiler, mostra o papel útil que os *bons líderes* – a saber, segundo ele, os "líderes *da* profissão" e não os líderes *de* profissão – podem exercer nas demandas entre patrões e operários. Ele aponta também o pouco desejo que sentem os operários, nesses momentos críticos, de ver chegar os "senhores" políticos. Por quê? Porque eles sabem que, uma vez chegados, estes os subjugarão, queiram eles ou não. É um fascínio que eles temem, mas a que ainda assim se dobram.

xertados de certo modo uns sobre os outros e retificando-se uns aos outros; mais uma diferença em relação às multidões, em que há no máximo um *grupo* de líderes temporários e simultâneos, que se refletem exagerando-se. Outras tantas diferenças, outras tantas causas de inferioridade para as multidões.

Há outras. Não são apenas os piores líderes que correm o risco de ser escolhidos ou aceitos pelas multidões, são também as piores sugestões, dentre todas aquelas que emanam deles. Por quê? De um lado, porque as emoções ou as ideias mais contagiosas são naturalmente as mais intensas, assim como são os sinos maiores, não os mais bem timbrados nem os mais afinados, aqueles cujo som se propaga mais longe; e, de outro lado, porque as ideias mais intensas são as mais estreitas ou as mais falsas, impressionando os sentidos e não o espírito, e as emoções mais intensas são as mais egoístas. Eis por que, numa multidão, é mais fácil propagar uma imagem pueril do que uma abstração verdadeira, uma comparação do que uma razão, a fé num homem do que a renúncia a um preconceito; e por que, sendo o prazer de denegrir mais intenso que o prazer de admirar e o sentimento da conversação mais forte que o sentimento do dever, as vaias nela se espalham com mais facilidade que os aplausos e os acessos de pânico são mais frequentes que os impulsos de bravura.

Por isso foi observado com razão, a propósito das multidões[5], que em geral elas são inferiores em inteligência e em moralidade à média de seus membros. Nelas, não só o composto social é, como sempre, diferente de seus ele-

---

5. Ver, sobre esse assunto, o interessantíssimo livro de Sighele, *La Foule criminelle* (Alcan).

mentos, dos quais é antes o *produto* ou a *combina*ção do que a soma, mas também, habitualmente, vale menos. Contudo, isso só é verdade para as multidões ou os ajuntamentos que delas se aproximam. Ao contrário, onde reina o *espírito de corporação* e não o *espírito de multidão*, acontece com frequência ser o composto, no qual se perpetua o gênio de um grande organizador, superior a seus elementos atuais. Conforme uma companhia de atores seja uma corporação ou uma multidão, isto é, conforme esteja mais ou menos ensaiada e organizada, seus membros desempenharão juntos melhor ou pior do que separadamente quando recitam monólogos. Numa corporação muito disciplinada, como a polícia, excelentes regras para a busca de malfeitores, para a tomada de depoimento das testemunhas, para a redação dos boletins de ocorrência – sempre muito bem feitos, num estilo preciso – transmitem-se tradicionalmente e mantêm o espírito do indivíduo apoiado numa razão superior. Embora se tenha dito com acerto, com base num provérbio latino, que *os senadores são homens de bem e o Senado um bicho ruim*, tive cem vezes ocasião de constatar que os policiais, embora sejam muitas vezes inteligentes, o são menos que a polícia. Um general me diz ter feito a mesma observação ao inspecionar seus jovens soldados. Questionados separadamente sobre a manobra militar, ele os considerava bastante fracos; mas, uma vez reunidos, era surpreendente vê-los manobrar em conjunto e com presteza, demonstrando uma inteligência coletiva bem superior àquela de que haviam dado prova individualmente. Do mesmo modo, o regimento é com frequência mais bravo, mais generoso, mais moral que o soldado. Sem dúvida, as corporações – regimentos, ordens religiosas, seitas – vão mais longe que as multidões, seja no mal, seja no bem; das multidões mais benévolas às mais criminosas há uma distância menor que das maiores proezas de nossos exércitos aos piores excessos do jacobinismo, ou das irmãs de São Vicente de Paulo aos camorristas e aos anarquistas; e Taine, que nos descreveu com tanto vigor as multidões criminosas, e as seitas criminosas, as revoltas camponesas e as exações jacobinas durante a Revolução, mostrou quanto estas foram mais funestas que aquelas. Contudo, enquanto as multidões geralmente fazem mais mal do que bem, as corporações em geral fazem mais bem do que mal. Não que, também entre estas últimas, o contágio das sensações e dos sentimentos não tenda a relacionar-se com sua intensidade e que os mais egoístas não tendam a ser os mais intensos; só que, nestas, tal tendência é bloqueada com maior frequência por uma seleção e uma educação especiais, por um noviciado que se prolonga por vários anos.

Quando, por acaso, uma multidão em ação também parece ser melhor, mais heroica, mais magnânima, que a média daqueles que a compõem, isso se deve ou a circunstâncias extraordinárias – por exemplo, ao entusiasmo tão generoso da Assembleia nacional na *Noite de 4 de agosto* [de 1789] –, ou (como no mesmo exemplo talvez?) essa magnanimidade é apenas aparente e dissimula, aos olhos dos interessados, o domínio profundo de um terror oculto. Há com frequência, nas multidões, o heroísmo do medo, outras vezes, a ação benéfica de uma multidão não é mais que o último vestígio de uma antiga corporação. Não é o caso da abnegação espontânea que se produz às vezes nas multidões de cidades pequenas que acorrem para apagar um grande incêndio? Digo *às vezes* no caso dessas multidões, não do corpo de bombeiros, para o qual esses rasgos admiráveis são habituais e cotidianos. A multidão que os cerca, movida talvez pelo exemplo dos bombeiros, por emulação, demonstra algumas vezes abnegação, enfrentando um perigo para salvar uma vida. Mas, se observarmos que esses ajuntamentos são coisa tradicional, que têm suas regras e seus costumes, que neles se dividem as tarefas, que à direita se fazem circular os baldes cheios, à esquerda os vazios, que as ações se combinam de uma forma mais *costumeira* que espontânea, vamos reconhecer em tais manifestações de piedade e assistência fraterna um remanescente da vida corporativa própria às "comunas" da Idade Média.

É necessário agora insistir para demonstrar que os homens *por atacado*, nas multidões, valem menos que os homens a varejo? Sim, já que isso foi contestado. Mas seremos breves. Seguramente, nenhum dos camponeses de Hautefaye que mataram aos poucos o sr. de Moneys, nenhum dos amotinados parisienses que afogaram o agente Ricenzini teria sido capaz, isoladamente, não digo de realizar, mas de querer esse abominável assassinato. A maioria dos participantes dos massacres de setembro de 1792 estava longe de ser gente estúpida. Uma multidão que se lança, mesmo composta na maior parte de pessoas inteligentes, tem sempre algo de pueril e bestial ao mesmo tempo: de pueril por sua mobilidade de humor, por sua brusca passagem da cólera à explosão de riso; de bestial por sua brutalidade. Ela também é covarde, mesmo composta de indivíduos de média coragem. Se o adversário que a enfrenta, um engenheiro, por exemplo, vier a ser derrubado por uma rasteira, sua sorte está selada. Pisotear um inimigo no chão é um prazer a que ela jamais se recusa. Um exemplo de seus caprichos: Taine nos citou um bando revolucionário que, prestes a massacrar um suposto açambarcador, se enternece, se entusiasma de repente com ele e "força-o a beber e a dançar com ela ao redor da árvore da Liberdade onde uns momentos antes iam enforcá-lo". Atitudes semelhantes foram observadas na época da Comuna. Na última semana, prisioneiros são conduzidos a Versalhes, onde a multidão os cerca. Entre eles encontra-se, diz-nos Ludovic Halévy, "uma mulher jovem, muito bela, as mãos amarradas nas costas, envolta num capote de oficial forrado de pano vermelho, os cabelos soltos. A multidão exclama: 'A coronela! a coronela!' Com a cabeça erguida, a mulher responde a esses clamores com um sorriso de desafio. Então, de todos os lados ouve-se um grande grito: 'Mata!.. mata!...' Um senhor idoso intervém: 'Nada de crueldade, afinal é uma mulher!'. A cólera da multidão, num segundo, volta-se contra o senhor idoso. Ele é cercado, aos gritos: é um simpatizante da Comuna! é um incendiário! Mas, no meio das ameaças, uma voz aguda se eleva, uma voz alegre e gaiata de rapazote de Paris: 'Não façam mal a ela, é a garota do vovô!' Então, bruscamente, o riso explode ao redor do senhor idoso. Ele é salvo...A multidão havia passado, quase no mesmo instante, da mais séria cólera ao mais franco contentamento".

Tudo é digno de nota nessa observação, tanto no início como no fim. Podemos estar certos, em se tratando de franceses, de que, à vista dessa bela amazona desafiando seus algozes, cada um deles, tomado à parte, só teria sentido admiração por ela; reunidos, sentem apenas furor contra ela: só pareceram sensíveis à ofensa a seu amor-próprio coletivo, exagero dos amores-próprios particulares elevados a uma grande potência, ofensa representada por aquele desafio corajoso. "O amor-próprio irritado no povo", diz Madame de Stael em suas *Considerações sobre a Revolução Francesa*, "não se assemelha aos nossos matizes fugazes: é a necessidade de matar." Muito justo. Mas, em realidade, não é nos homens do povo isolados que as feridas ou os arranhões ao amor-próprio se elevam a essa acuidade de exasperação homicida, é nas massas populares. E não apenas nestas, mas em qualquer ajuntamento de homens instruídos e bem-educados. Uma assembleia, mesmo a mais parlamentar do mundo, insultada por um orador, dá às vezes esse espetáculo de uma fúria assassina de suscetibilidade.

Até que ponto as multidões e, de um modo geral, as coletividades não organizadas, não disciplinadas, são mais instáveis, mais descuidadas, mais crédulas, mais cruéis que a maior parte de seus elementos, sempre foi algo difícil de imaginar, mas provas não faltam. Por acaso alguém pensou nesta? Em outubro de 1892, as explosões de dinamite aterrorizam Paris; parecia não haver nada mais urgente do que defender-se contra essa ameaça perpétua, que representava, com efeito, um grande perigo! Mas, depois de haver sido derrubado um ministério nessa ocasião e votada uma nova lei de imprensa, remédio irrisório contra esse flagelo, eis que irrompe o escândalo do Panamá. A partir de então, quero dizer, já no primeiro dia, quando ninguém podia prever ainda a gravidade das revelações que se seguiram, o alarme da véspera é esquecido, embora o perigo continuasse o mesmo, e a curiosidade e a malignidade públicas, superexcitadas, antes ainda de converterem-se em indignação, fizeram dissipar completamente o terror. Assim é feito o *espírito coletivo.* Nele, as imagens sucedem-se incoerentes, superpostas ou justapostas sem vínculo, como no cérebro do homem adormecido ou hipnotizado, e cada uma delas invade sucessivamente o campo total da atenção. No entanto, a maior parte dos espíritos individuais que o compõe, que contribui para formar essa grande multidão chamada Opinião, é capaz de sequência e de ordem no agenciamento de suas ideias.

Outro exemplo: "Em maio de 1892"[6], diz o sr. Delboeuf, "um desafortunado alemão, que acabara de desembarcar em Liege, deixa-se guiar pela multidão ao local de uma explosão de dinamite. A um certo momento, alguém na multidão, vendo-o correr mais depressa que os outros, toma-o por culpado, alerta os vizinhos, e essa mesma multidão julga-se no dever de fazê-lo em pedaços. Não obstante, ela se compunha de quem? Em suma, da elite da sociedade reunida em função de um concerto. Puderam ser ouvidas vozes de cavalheiros reclamando um revólver para matar, fosse quem fosse, um infeliz cuja nacionalidade, cujo nome e cujo crime eles ignoravam! No processo de Courtray, no qual um futuro deputado procurava desempenhar um papel análogo ao de Basly e seus adeptos nas greves, vejam a estupidez da multidão: ela volta o seu ódio contra os simples técnicos judiciários". Numa ordem de ideias menos trágica, vejamos um público de café-concerto; homens e mulheres parisienses de gosto refinado reúnem-se ali. Tomados separadamente, são apreciadores de música fina, de literatura apimentada mas saborosa. Reunidos, fazem suas delícias apenas de estúpidas canções. Em vão Yvette Guilbert tentou fazer com que aceitassem composições dignas de seu talento especial: fracassou. Já que se falou da questão do Panamá, pôde-se constatar nesse caso como em tantos outros com que lentidão e falta de habilidade essa espécie de juiz de instrução chamado Comissão de Inquérito cumpre suas funções, apesar da real capacidade de seus membros; é provável que cada um deles, investido sozinho dos mesmos poderes e agindo

---

6. *Journal de Liège*, 12/10/1892. Artigo de Delboeuf sobre nossa comunicação ao Congresso de Antropologia Criminal de Bruxelas relativa aos *Crimes das multidões*.

AS MULTIDÕES E AS SEITAS CRIMINOSAS 163

isoladamente, faria melhor trabalho. Em todo caso, é manifesto que o júri é ainda menos inteligente que os jurados[7].

Mais um exemplo, que retiro das memórias de Gisquet, chefe de polícia no governo de Luís Felipe. Em abril de 1892, em Paris, no paroxismo da epidemia de cólera, "boatos espalhados e *propagados em toda Paris com a rapidez de um relâmpago* atribuíram ao *veneno* os efeitos da epidemia, e fizeram com que as massas, sempre impressionáveis em tais momentos, acreditassem que homens estavam envenenando os alimentos, a água das fontes, o vinho e outras bebidas Em poucos instantes, ajuntamentos imensos formaram-se nos cais, na Place de Greve etc., e talvez nunca se tenha visto em Paris uma reunião tão temível de indivíduos, *exasperados por essa ideia de envenenamento e buscando os autores desses crimes imaginários*". Era simplesmente um delírio coletivo de perseguição. "Qualquer pessoa munida de garrafas ou pacotes de pequeno volume era tida como suspeita: *um simples frasco podia tornar-se uma prova de crime* aos olhos dessa multidão em delírio." O próprio Gisquet percorreu "essas massas insondáveis, cobertas de andrajos" e, diz ele, "nada pode exprimir tudo o que seu aspecto tinha de horrendo, a impressão de terror causada pelos murmúrios surdos que se faziam ouvir". Esses homens transtornados partem facilmente para o massacre. "Um jovem empregado do ministério do Interior foi massacrado na rua Saint-

---

7. O sr. de Vogue dizia, um dia, a propósito de um de nossos ministérios: "Esses ministros, cujo valor individual já pude constatar, que, na maior parte, demonstram em seus respectivos departamentos eminentes qualidades de administradores, parece que são atingidos por uma paralisia fulminante quando se veem reunidos à mesa do Conselho ou ao pé da tribuna, diante de uma resolução coletiva a tomar." A quantos ministérios, parlamentos e Congressos essa observação é aplicável!

-Denis, pela mera suspeita de ter querido lançar veneno nos barris de um comerciante de vinhos..." Quatro massacres ocorreram nessas condições... Cenas análogas registraram-se em Vaugirard e no Faubourg Saint-Antoine. Aqui "dois imprudentes fugiam, perseguidos por milhares de furiosos *que os acusavam de ter dado a umas crianças uma fatia de pão envenenada*". Os dois homens se refugiam às pressas numa delegacia de polícia; mas o posto num instante é cercado, ameaçado, e nada teria impedido o massacre desses indivíduos se o comissário de polícia e um ex-policial não tivessem tido a feliz ideia de dividir entre si a fatia de pão ante os olhos da multidão. "*Essa presença de espírito fez com que o furor se convertesse imediatamente em hilaridade.*" Esses desvarios são de todas as épocas: multidões de qualquer raça e clima, multidões romanas acusando os cristãos pelo incêndio de Roma ou por uma derrota da legião e lançando-os a feras, multidões da Idade Média acolhendo contra os albigenses, contra os judeus, contra um herético qualquer as suspeitas mais absurdas, cuja propagação faz, para elas, as vezes de demonstração, multidões alemãs de Munzer sob a Reforma, multidões francesas de Jourdan sob o Terror, é sempre o mesmo espetáculo. Todas, "terroristas por medo", como Madame Roland dizia de Robespierre.

Sobre a inconsequência das multidões, assinalam-se o que se passa no Oriente, em certos países infectados pela lepra. Ali, diz o doutor Zambaco-Pacha, "na maior parte das aldeias, tão logo há suspeita de lepra, ou alguém é injustamente acusado de tê-la, o povo, sem dirigir-se à autoridade ou pelo menos a um médico, constitui-se *illico* em júri e lincha o suposto leproso, enforcando-o na árvore mais próxima ou perseguindo-o a pedradas"[8].

---

8. *Voyage chez les lépreux* (Paris, Masson, 1891).

Mas essa mesma população frequenta as capelas dos leprosários, "beija as imagens nos mesmos locais onde os leprosos puseram seus lábios e comunga nos mesmos cálices".

Por mais que as multidões sejam instáveis, inconsequentes e desprovidas de tradições propriamente ditas, ainda assim são rotineiras, e nisso se opõem também às corporações que, em todo o seu período ascendente, são ao mesmo tempo tradicionalistas. Há alguns anos, tive um exemplo bastante singular dessa rotina característica dos homens reunidos ao acaso. Foi nas salas de inalação de Mont-Dore, no antigo estabelecimento. Ali, trezentos ou quatrocentos homens estão amontoados num espaço estreito, no meio de vapores d' água a 40 graus centígrados que escapam do centro da peça. Para distraírem-se do aborrecimento, em vez de conversarem como na sala das mulheres, procuram agitar-se; e põem-se a girar processionalmente, em camisola de flanela, ao redor da caldeira central. Mas o que é notável é que todo o mundo gira sempre do mesmo lado – no sentido dos ponteiros do relógio, se minha memória não falha, jamais em sentido inverso. Pelo menos, foi o que aconteceu durante todo o mês em que me submeti a essa insípida medicação. Algumas vezes tentei, no início da sessão, criar uma contracorrente, uma inversão desse giro monótono, mas não deu certo. Todos os meus companheiros, ou a maioria deles, lembravam-se de ter girado na véspera de uma maneira e, inconscientemente, em virtude desse instinto de imitação que nos acompanha por toda parte e que está em relação recíproca de causa e efeito com o instinto de simpatia e de sociabilidade, cada um tendia a seguir fielmente o impulso recebido. Por esse exemplo, entre parênteses, pode-se avaliar a força social da necessidade de imitar. Pois, se um ato insignificante, tão pouco capaz de comover o espírito ou o coração como o do primeiro banhista que teve a ideia de girar nesse sentido, foi a tal ponto sugestivo e desenvolveu uma tendência coletiva tão enraizada, qual deve ser então a potência contagiosa de paixões suscitadas nas massas por um líder que lhes insufla ideias de assassínio, pilhagem e incêndio, ou lhes promete mundos e fundos! O Dr. Aubry, que, em sua interessante obra sobre O *contágio da violência*, estudou muito bem os fenômenos dessa última ordem, citou-me uma pequena observação feita por ele durante seus estudos e que vem em apoio da reflexão precedente. "Nos anfiteatros de dissecção", escrevia-me ele, "trabalha-se muito, mas o trabalho é de tal natureza que não impede conversar nem cantar. Um dia, eu e meus colegas ficamos impressionados com um traço psicológico que batizamos de *reflexo musical*. Ele consistia no seguinte: no momento em que o silêncio era o mais absoluto possível, se um de nós cantasse alguns trechos de uma canção conhecida e depois se detivesse bruscamente, pouco depois, num outro canto da sala, um estudante continuava, ocupado em seu trabalho, a canção começada. Reproduzimos frequentemente essa experiência e sempre com sucesso. Várias vezes interrogamos nosso continuador, que era ora um, ora outro de nossos colegas, e vimos por suas respostas que ele não havia se dado conta de ter seguido um impulso, de ter continuado uma coisa começada. Não há nessa sugestão, às vezes inconsciente, algo que lança um pouco de luz sobre essas ideias que surgem nas multidões, não se sabe por que nem como, vindas não se sabe de onde e espalhadas com uma rapidez vertiginosa?"[9]

---

9. O Dr. Bajnov, alienista russo, relata um fato que confirma e amplifica singularmente a observação do Dr. Aubry. Há uns quinze anos, num teatro de Moscou, Sarah Bernhardt representava a *Dama das Camé-*

Voltemos ao nosso assunto. O público de teatro dá ensejo a observações análogas. Embora seja o mais caprichoso dos públicos, também é o mais imitador: é tão difícil prever seus caprichos quanto reformar seus hábitos. Em primeiro lugar, suas maneiras de exprimir a aprovação ou a reprovação são sempre as mesmas num mesmo país: aplausos e assobios, entre os franceses. Depois, é preciso que lhe mostrem sempre o que ele está habituado a ver em cena, por mais artificial que isso possa ser; e o que ele está habituado a não ver é perigoso mostrar-lhe. Convém ainda observar que um público de teatro é uma multidão sentada, ou seja, uma multidão apenas em parte. A verdadeira multidão, aquela em que a eletrização por contato atinge o ponto mais elevado de rapidez e energia, é composta de pessoas de pé e, acrescentemos, em marcha. Mas essa diferença nem sempre existiu. Ainda em 1780 – encontro a prova disso num artigo do *Mercure de France* de 10 de junho de 1780 –, a plateia permanecia de pé nos principais teatros e apenas começava-se a falar em fazê-la sentar. É lícito pensar que a plateia, ao sentar-se, tornou-se ajuizada. E o mesmo aconteceu com o auditório político e judiciário nos povos que, tendo inicialmente parlamentos compostos de guerreiros ou anciões que deliberavam de pé, passaram depois a ter assembleias fechadas em palácios e sentadas em poltronas ou cadeiras de magistrados. É provável também que essa mudança de atitude tenha dado a cada ouvinte um pouco mais de força para resistir ao arreba-

---

lias. No 5 ato, no momento mais dramático, quando o público todo estava suspenso a seus lábios e se teria ouvido uma mosca voar, Marguerite Gauthier, morrendo de tísica, põe-se a tossir. No mesmo instante uma epidemia de tosse toma conta da plateia e, durante alguns minutos, não se pôde ouvir as palavras da grande atriz.

tamento de seus vizinhos, um pouco mais de independência individual. Sentar-se é começar a isolar-se em si. A plateia tornou-se, parece, menos *misoneísta* depois que se sentou; é somente a partir dessa época que a cena francesa começou a emancipar-se. No entanto, mesmo entre espectadores sentados, subsistem os agentes de sugestão mútua mais eficazes, sobretudo a visão. Se os espectadores não se vissem, se assistissem a uma apresentação como os detentos de prisões celulares ouvem a missa, em pequenos compartimentos gradeados onde seria impossível verem-se uns aos outros, é provável que cada um deles, sofrendo a ação da peça e dos atores sem qualquer influência da ação do público, desfrutaria bem mais plenamente da livre disposição de seu gosto próprio e que haveria bem menos unanimidade, seja para aplaudir, seja para assobiar. Num teatro, num banquete, numa manifestação popular qualquer, é raro que, mesmo desaprovando *in petto* os aplausos, os brindes, as ovações, alguém ouse não aplaudir também, não erguer seu copo, guardar um silêncio obstinado em meio a gritos entusiastas. Em Lourdes, há céticos que, ao se lembrarem amanhã de tudo o que veem hoje, desses braços abertos em cruz, desses gritos de fé lançados por uma voz qualquer e logo repetidos pelas outras, desses beijos no chão e dessas prosternações em massa sob a ordem de um monge, gracejarão. Mas hoje não riem, não protestam e também beijam o chão ou simulam e, se não abrem os braços em cruz, esboçam o gesto... Será por medo? Não: essas multidões devotas nada têm de feroz. Mas é que não se quer *escandalizar*. E esse temor do escândalo, o que é, no fundo, senão a importância extraordinária atribuída pelo mais dissidente e independente dos homens à reprovação coletiva de um composto de indivíduos dos quais cada julgamento particular não conta nada a seus olhos?

Aliás, isso não basta para explicar sempre a condescendência habitual e notável do incrédulo em relação às multidões fervorosas em meio às quais se encontra. É preciso, penso eu, admitir também que, no momento em que uma onda de entusiasmo místico passa por elas, ele também a sente em pequena medida e percebe seu coração atravessado por uma fé fugitiva. E, admitido e demonstrado isso em relação às multidões piedosas, devemos utilizar essa observação para explicar o que sucede nas multidões criminosas, nas quais com frequência uma corrente de ferocidade momentânea atravessa e deforma um coração normal.

É uma banalidade, e também um exagero, enaltecer a "coragem civil" em detrimento da coragem militar, que é tida por menos rara. Mas o que há de verdadeiro nessa ideia banal explica-se pela consideração que precede. Pois a coragem civil consiste em lutar contra um arrebatamento popular, em reagir a uma corrente, em manifestar perante uma assembleia, num conselho, uma opinião dissidente, isolada, em oposição à da maioria, enquanto a coragem militar consiste, em geral, em distinguir-se num combate levando ao extremo um impulso dado pelo ambiente, indo mais longe que os outros no mesmo sentido em que se é impelido por eles. Quando, excepcionalmente, também a coragem militar exige que se resista a um arrebatamento, quando é o caso, para um coronel, de opor-se a um pânico ou, inversamente, de reter o impulso irrefletido das tropas, tal audácia é coisa mais rara ainda e, admitamos, mais admirável que um discurso de oposição numa Câmara de deputados.

Em suma, por seu capricho rotineiro, sua docilidade revoltada, sua credulidade, seu nervosismo, suas bruscas viradas de vento psicológicas do furor à ternura, da exasperação à explosão de riso, a multidão é feminina, mesmo quando se compõe, como acontece quase sempre, de elementos masculinos. Muito felizmente para as mulheres, seu gênero de vida, que as encerra dentro de casa, as condena a um isolamento relativo. Em qualquer país, em qualquer época, as reuniões de homens são mais frequentes, mais habituais e mais numerosas que as reuniões de mulheres. A isso se deve, em parte talvez, a distância tão grande entre a criminalidade dos dois sexos, em proveito do mais fraco. A menor criminalidade no campo em comparação à cidade é um fato que pode ser associado à mesma causa. O camponês vive em estado de dispersão habitual. Quando, por acaso, as mulheres praticam a vida de reunião cotidianas – não digo a vida corporativa, sob forma monástica ou outra –, sua depravação atinge ou ultrapassa a do homem. E, do mesmo modo, quando o camponês, nos anos em que a vida é fácil, frequenta a estalagem tanto quanto o operário o café, ele se torna facilmente mais imoral que o operário e mais temível. Karl Marx, em *O capital* (cap. XXV), traça um quadro pitoresco dos grupos de operários agrícolas que, recrutados por um chefe "vagabundo, pândego, beberrão mas empreendedor e dotado de habilidade", passeiam seus braços por diversos condados da Inglaterra. "Os vícios desse sistema", diz Marx, "são o excesso de trabalho imposto às crianças e aos jovens e a desmoralização do bando ambulante, o pagamento é feito na estalagem em meio a libações copiosas. Cambaleando, apoiando-se à direita e à esquerda nos braços robustos de alguma virago, o digno chefe marcha à frente da coluna, seguido por um bando de jovens brincalhões que vão entoando canções debochadas ou obscenas. As aldeias abertas, fonte e reservatório desses bandos, tornam-se Sodomas e Gomorras..."

Até aqui nos ocupamos mais especialmente das multidões; vejamos agora as corporações. Mas, antes, indiquemos a relação que estas mantêm com aquelas e a razão que nos fez reuni-las num mesmo estudo. Essa razão é muito simples. De um lado, uma multidão tende a reproduzir-se à primeira oportunidade, a reproduzir-se em intervalos cada vez menos irregulares e, depurando-se cada vez, a organizar-se corporativamente numa espécie de seita ou de partido; um clube começa por ser aberto e público; depois, aos poucos, ele se fecha e se estreita. De outro lado, os líderes de uma multidão são, com muita frequência, não indivíduos isolados, mas *sectários*. As seitas são os fermentos das multidões. Tudo o que uma multidão realiza de sério, de grave, tanto para o bem como para o mal, lhe é inspirado por uma corporação. Quando uma multidão que corre para apagar um incêndio demonstra uma atividade inteligente, é porque ela é dirigida por um destacamento do corpo de bombeiros. Quando um bando de grevistas ataca precisamente onde é preciso atacar, destrói o que é preciso destruir (por exemplo, as ferramentas dos operários que permaneceram na fábrica) para alcançar seu objetivo, é porque atrás dele, na base dele, há um sindicato, uma união, uma associação qualquer[10]. As multidões manifestantes,

---

10. Às vezes isso é constatado, mas sem razão, porque o fato nem sempre pode ser judicialmente demonstrado. Em sua obra, muito bem documentada aliás e interessantíssima, sobre as *Associações profissionais na Belgica* (Bruxelas, 1891), o sr. Banderelde, grande tribuno do socialismo belga, critica uma decisão do tribunal de Hainault, de julho de 1886, que condenou vários membros do sindicato dos vidreiros de Charleroi por provocação aos distúrbios causados pela greve dos operários vidreiros, em março do mesmo ano. Não havia contra eles, diz-nos Banderelde, senão "suspeitas insuficientes". Mas, algumas linhas acima, ele mesmo nos diz que, muito tempo antes da greve, o sindicato

procissões, enterros em marcha triunfal, são comandadas por confrarias ou círculos políticos. As Cruzadas, essas imensas multidões guerreiras, brotaram das ordens monásticas, ao apelo de um Pedro, o Eremita, ou de um São Bernardo. Os levantes em massa de 1792 foram suscitados por clubes, modelados e disciplinados pelos restos dos antigos corpos militares. Os massacres de setembro do mesmo ano, as revoltas camponesas da Revolução, esses bandos incendiários ou ferozes, são erupções do jacobinismo; por toda parte, no seu comando, vemos um delegado da *seção* vizinha. Aí está o perigo das seitas: reduzidas às suas próprias forças, elas quase nunca seriam maléficas; mas basta um pequeno fermento de maldade para fazer levantar uma massa enorme de estupidez. Acontece frequentemente serem uma seita e uma multidão, separadas uma da outra, incapazes de qualquer crime, mas sua combinação torna-se facilmente criminosa.

As seitas, aliás, podem prescindir das multidões para agir. É o caso daquelas que têm o crime por objetivo principal ou por método habitual, como a máfia siciliana ou a camorra napolitana. Como foi dito mais acima, as corporações vão mais longe do que as multidões, tanto no mal quanto no bem. Nada mais benéfico que a Hansa na Idade Média; nada mais maléfico, atualmente, do que

---

dos vidreiros preparava-se para a luta: "uma luta terrível, uma luta de morte, escrevia seu presidente às sociedades da Inglaterra e dos Estados Unidos". Ora, *nesse meio-tempo*, irrompem os distúrbios de março de 1886; no dia 25, milhares de mineiros entram em greve; no dia seguinte, essa massa enorme espalha-se pelo país, faz parar as máquinas, saqueia as vidrarias... destrói o estabelecimento Baudoux; em uma palavra, executa todo o programa do Sindicato. Eis aí suspeitas graves, quando não suficientes.

AS MULTIDÕES E AS SEITAS CRIMINOSAS 173

a seita anarquista[11]. Em ambos os casos, a mesma força de expansão, salutar ou terrível. Nascida em 1241, a Hansa tornou-se, em poucos anos, com uma rapidez de propagação inédita na época, "a suprema expressão da vida coletiva, a concentração de todas as guildas mercantes da Europa"[12]. No século XVI, ela forma uma federação que compreende mais de oitenta cidades e estende suas agências comerciais de Londres a Novgorod. No entanto, ela se apoia "apenas no livre consentimento das guildas e das cidades; não conhece outro meio de disciplina a não ser a exclusão, e tão grande é a força corporativa que a Hansa exerce, apesar de tudo, uma autoridade sobre toda a Europa", no interesse maior do comércio europeu. O anarquismo também propagou-se rapidamente. Por volta de 1880, o príncipe Kropotkin, seu inventor, fundava em Genebra *Le Révolté* [O revoltado]; depois, em 1881, *Le Droit social* [O direito social], jornais quase sem leitores. "Em 1882", diz o advogado-geral Bérard[13], "alguns adeptos em Lausanne e em Genebra, dois ou três indivíduos isolados em Paris, um ou dois grupos em Lyon com ramificações em Saint-Étienne, em Villefranche-sur-Saône e em Viena, ao todo umas sessenta, cem pessoas, se quiserem; era então toda a legião anarquista". Dez anos mais tarde, em 28 de março de 1892, uma reunião puramente anarquista tem lugar em Paris, apro-

---

11. Refiro-me ao anarquismo que pratica, ou melhor, praticava, a *propaganda pelo fato.* Quanto aos puros libertários, eles desempenham um papel útil, como contrapeso à emigração social.

12. Cito essas linhas do sr. Prins, conhecido criminalista belga que, em seu livro muito instrutivo sobre *La Démocratie et le Régime parlementaire* (2ª edição), estende-se longamente sobre o sistema corporativo, tão florescente outrora, ainda subsistente em certas províncias de seu país.

13. *Les Hommes et les Théories de l'anarchie*, por Bérnard (Archives de l'anthropologie crirrúnelle, n. 42).

vando expressamente Ravachol e seus cúmplices. Havia três mil pessoas, e numerosos telegramas foram enviados da França e do exterior em solidariedade à assembleia. "Os anarquistas são numerosos, muito numerosos na classe operária", diz o químico Girard, que mantém frequentes contatos com eles. Segundo Jeahan Préval[14], o anarquismo não é um simples amontoado de malfeitores, mas "um partido em vias de organizar-se, com um objetivo bem definido e com a esperança, certamente fundada, de conquistar, pouco a pouco e à medida dos *sucessos* obtidos, a grande massa do proletariado urbano". Os anarquistas são chamados pelo mesmo escritor de "cavalaria ligeira do socialismo". A propagação do niilismo na Rússia não foi menos rápida. Os grandes processos movidos contra ele em 1876 e 1877 são uma prova disso[15].

Entre as melhores corporações *e* as mais criminosas, há uma outra similitude. Tanto umas como as outras são formas dessa famosa "luta pela vida" de que tanto se falou, fórmula que deve grande parte de seu sucesso à sua mera flexibilidade. Com efeito, consideremos as mais fecundas corporações da Idade Média: "Tomemos", diz Prins, "as mais antigas *e* as mais simples, as guildas de Abbotsburg, de Exter ou de Cambridge, fundadas no século XI na Inglaterra; as de Le Mans ou de Cambrai, na França, fundadas em 1070 *e* 1076; a de Amicitia na cidade de Aire, em Flandres, cujos estatutos foram confirmados pelo conde Felipe em 1188; ou, então, estudemos as mais poderosas corporações na época de seu esplendor: os pisoeiros de Gand, os especieiros de Londres, os peleiros de Augsburgo no século XIV. É sempre a aplicação do mes-

---

14. *Anarchie et Nihilisme*, por Jeahan Préval (2. edição, 1892), Savine éditeur.

15. *Le Socialisme allemand et le Nihilisme russe*, por Bourdeau (1892).

mo princípio: os homens, incertos quanto ao futuro *e* ameaçados em seus interesses, buscam o remédio na solidariedade. Sua história, aliás, é muito simples, é a luta dos pequenos contra os grandes". Diríamos o mesmo das universidades de outrora, grandes corporações intelectuais, *e* mesmo das corporações artísticas da mesma época, por exemplo a dos pintores, constituída em Gand, em 1337, sob o patronato de São Lucas. Mas um grupo de bandidos, igualmente, não é senão isto: uma luta contra a Sociedade superior. É preciso convir, porém, que sua maneira de lutar é completamente diferente. Por que isso acontece? Por que a mesma causa, o desejo ardente de uma sorte melhor, levou uns a solidarizarem-se no trabalho, outros a unirem-se no crime?

Tal questão é o próprio problema dos "fatores do crime" tão debatido entre os criminalistas contemporâneos, mas esse problema transportado dos indivíduos aos grupos está relacionado aos delitos coletivos. Assim deslocado, ele recebe nova luz e amplia-se proporcionando um meio de controlar certas soluções apressadas a que os delitos individuais deram ensejo. Não é o momento de nos estendermos sobre esse controle. Por essa comparação, perceberíamos facilmente que a influência do clima, da estação, da raça, das causas fisiológicas, é pertinente, mas foi bastante exagerada. Veríamos que a parte das causas físicas vai decrescendo nos grupos, à medida que, ao se organizarem, eles vão se assemelhando mais a uma pessoa individual, sendo portanto maior na formação e na orientação honesta ou delituosa das multidões do que na das associações disciplinadas. No verão, no Sul da França, durante o dia, com tempo bom, é infinitamente mais fácil provocar desordens de rua do que no inverno, no Norte, à noite, debaixo de chuva; enquanto nos períodos de crise política é quase tão fácil tramar uma conspiração no inverno como no verão, no Norte como no Sul, de noite como de dia ou de dia como de noite, com tempo chuvoso ou com um sol esplêndido. Veríamos, ao contrário, que o "fator antropológico", ou, mais simplesmente, a composição do grupo, tem uma importância maior nas associações do que nos ajuntamentos formados sob a influência de um sentimento forte e passageiro. Uma multidão, mesmo composta de uma maioria de pessoas de bem, pode facilmente ser arrastada a crimes passionais, a acessos de alienação homicida momentânea, enquanto uma seita, animada por um sentimento resistente e tenaz, só comete crimes refletidos e calculados, sempre conformes a seu caráter coletivo e fortemente marcados com o selo de sua raça.

Mas estas são apenas condições secundárias. A questão é saber quais são as causas que as ativam e exploram-nas. Não somente não há clima nem estação que predestinem ao vício ou à virtude, uma vez que, na mesma latitude e no mesmo mês, vemos manifestar-se todo tipo de perversidade ao lado de todo tipo de sublimidade ou delicadeza morais, como também não há uma raça que seja viciosa ou virtuosa por natureza. Cada raça produz ao mesmo tempo indivíduos que, por uma espécie de predestinação orgânica, *parecem* votados uns aos diversos tipos de crimes, outros às diversas formas de coragem e bondade. Só que a proporção de ambos, num momento dado, difere de uma raça a outra, ou melhor, de um povo a outro. Mas essa diferença não é constante: varia até inverter-se quando as vicissitudes da história fazem mudar a religião, as leis, as instituições nacionais e baixar ou subir o nível da riqueza e da civilização. A Escócia, depois de ter sido durante séculos o país da Europa mais fértil em homicídios, segundo a estatística, é hoje o país da Europa *menos* homicida proporcionalmente à população. O número de escoceses que julgaríamos poder qualificar de homicidas natos diminuiu em noventa por cento aproximadamente em menos de um século. E se tal é a variabilidade numérica dita inata, quão mais variável ainda deve ser a criminalidade adquirida? Como se explicam essas variações? Por que um número maior ou menor de criminosos *nasce* ou *se torna* tal, nesta ou naquela circunstância? Eis o xis do problema.

Entre as associações criminosas, podemos distinguir também, se quisermos, as que são criminosas natas, e sem dúvida mesmo essa expressão, empregada a esse respeito, encontrará bem menos contraditares do que em sua acepção habitual, pois seguramente vemos seitas surgirem com a finalidade expressa do banditismo, da pilhagem, do assassinato, diferentes nisso de muitas outras que, originalmente voltadas para fins mais nobres, se perverteram. A máfia e a camorra, por exemplo, começaram por ser conspirações patrióticas contra um governo estrangeiro. Mas essa distinção, que pareceu tão capital e suscitou tantas polêmicas a propósito da criminalidade individual, não tem o menor alcance em sua aplicação à criminalidade coletiva. Criminosa de nascimento ou criminosa de crescimento, uma seita que pratica o mal é igualmente execrável, e as mais perigosas são com frequência aquelas que, ao crescerem, desviaram-se de seu propósito inicial. Se buscarmos remontar às causas que fazem umas nascer para o crime ou que fizeram outras nele cair, veremos que são as mesmas, a saber, causas de ordem psicológica e social. Em ambos os casos, elas agem de duas maneiras diferentes e complementares: 1) sugerindo a alguém a ideia do crime a cometer; 2) propagando essa ideia, bem como o propósito e a força de executá-la. Quando se trata de um crime individual, a concepção e a resolução, a ideia e a execução são sempre distintas e sucessivas, mas se produzem num único e mesmo indivíduo; essa é a principal diferença em relação ao crime coletivo, no qual as tarefas são distribuídas entre diversos indivíduos, no qual os articuladores e os verdadeiros inspiradores jamais são os executores. Diferença análoga à que separa a pequena indústria da grande: na primeira, o próprio artesão é, ao mesmo tempo, empreendedor e operário, ele é seu próprio patrão; na segunda, patrões e operários estão separados, como sabemos muito bem.

Ora, o que é que sugere a ideia do crime? E eu poderia também dizer, a ideia de gênio? O que sugere são os princípios e as necessidades, as máximas confessadas ou não e as paixões cultivadas mais ou menos abertamente que reinam na sociedade ao redor, não digo sempre na grande sociedade, mas na sociedade restrita e tanto mais densa, em que se foi lançado pela sorte. Uma ideia de crime, assim como uma invenção genial, não brota do chão por geração espontânea. Um crime – e isso é verdadeiro sobretudo para os crimes coletivos – apresenta-se sempre como uma dedução ousada, mas não menos consequente do que ousada, geralmente a partir de premissas colocadas pelos vícios tradicionais ou pela imoralidade nova, pelos preconceitos ou pelo ceticismo do meio circundante, de certo modo como uma excrescência lógica – e não apenas psicológica – resultante de certos relaxamentos de conduta, de certos desregramentos da palavra falada ou escrita, de certas complacências covardes pelo sucesso, pelo dinheiro, pelo poder, de certas negações céticas e irrefletidas, por sistema ou por afetação, que ocorrem mesmo entre as pessoas mais educadas de uma época e de um país. Num meio feudal regido pelo ponto de honra, o assassinato por vingança; num meio modernizado, invadido pela cupidez voluptuosa, o roubo, a vigarice, o homicídio cúpido são os delitos dominantes. Acrescentemos que a forma e as características próprias do delito são especificadas pelo estado dos conhecimentos teóricos ou técnicos difundidos nesse meio. Aquele que teria concebido, antes dos últimos progressos da química, um envenenamento por um veneno mineral, pensará agora em envenenar com o auxílio de um tóxico vegetal; aquele que, ontem, teria imaginado laboriosamente uma máquina infernal como a de Fieschi, estudará hoje um novo cartucho de dinamite por fabricar, mais manejável e mais prático, um cartucho de bolso. E essa especificação de procedimentos está longe de ser indiferente, pois, ao aperfeiçoar o instrumental do crime como o da indústria, o desenvolvimento das ciências dá ao crime um poder monstruosamente crescente de destruição e torna a ideia e o projeto do crime acessíveis a espíritos mais covardes, mais numerosos, a um círculo cada vez maior de consciências débeis, que ficariam apavoradas com o manejo, muito perigoso, da máquina infernal de Fieschi ou de Cadoudal, ou da faca de Ravaillac, e que não tremem ao pensamento de pôr uma bomba de efeito retardado numa escada.

Uma invenção, em geral – pois a ideia primeira de um crime não é senão uma espécie relativamente fácil de invenção –, é, em primeiro lugar, um feito lógico. É por isso que se disse frequentemente, com exagero mas não sem uma parte de verdade, que o mérito do inventor limitava-se a colher um fruto prestes a cair. A fórmula newtoniana, deduzida logicamente das três leis de Kepler, elas mesmas implicitamente contidas no resultado de observações astronômicas acumuladas desde Tycho Brahe e os astrônomos caldeus. A locomotiva resultou da máquina a vapor de Watt e da carruagem antiga, bem como de nossas necessidades crescentes de locomoção; o telégrafo elétrico resultou de uma descoberta de Ampere e de nossas necessidades multiplicadas de comunicação. O inventor científico, militar, industrial, criminal, é um lógico implacável. Isso não quer dizer que seja dado a todo o mundo chegar a tais deduções e que as premissas elaboradas por todos tenham se concentrado espontaneamente num cérebro sem nenhuma participação eficaz deste. O cérebro foi o ponto de junção de tais premissas, em razão de sua paixão característica, cupidez ou curiosidade, egoísmo ou devoção à verdade, que buscou e encontrou os meios próprios para atingir seus fins. E para levar a cabo essa convergência, para formular essa consequência audaciosamente, saltando por cima da timidez de espírito ou da repugnância moral que retêm os outros homens num costumeiro estado inconsciente de inconsequências, seja lamentável, seja salutar, foi preciso uma organização excepcional, um corpo formado por uma mônada dirigente das mais coesas, das mais fechadas em si e perseverantes em seu ser. Não importa: sem a semeadura social, é certo que essa terra fecunda do caráter individual nada teria feito germinar.

Portanto, os homens de gênio de uma sociedade lhe pertencem, mas seus criminosos também. Se ela se orgulha com razão dos primeiros, deve imputar-se também os segundos, embora tenha o direito de imputar a eles próprios seus atos. O assassino mata para roubar porque ouve celebrar por toda parte e acima de todos os méritos o dinheiro; o homem devasso ouviu dizer que o prazer é o objetivo da vida; o dinamitador não faz senão realizar o que aconselham diariamente os jornais anarquistas, e estes, que outra coisa fazem senão tirar os corolários rigorosos destes axiomas: a propriedade é o roubo, o capital é o inimigo? Todos ouvem rir da moral, são imorais para não serem inconsequentes. As classes superiores, que o crime atinge, não percebem que foram elas que emitiram o princípio deste, se é que não deram o exemplo.

Até muito recentemente, pôde-se com todo o rigor sustentar o paradoxo de que, se a maré montante do delito verificada nos últimos três quartos de século por nossas estatísticas era para si mesma um mal real, ela não tinha de maneira alguma o valor de um sintoma; de que a perversidade dos meliantes podia aumentar e mesmo estender-se constantemente, sem que por isso jamais fosse provado que a honestidade dos homens de bem estivesse diminuindo. Longe disso, era bem possível que a moralização das massas educadas ou incultas fizesse progressos reais ao mesmo tempo que o crime fazia por seu lado os seus. Essas coisas foram ditas e impressas por otimistas que não podiam ser mais sinceros, particularmente impregnados desse enfatuamento coletivo que é próprio de nosso tempo. Mas, depois das explosões de dinamite e do caso do Panamá, não penso que essa linguagem ainda seja apresentável. Há algo de muito significativo na coincidência entre essa onda de terror e esse escândalo, a primeira revelando as esperanças e os ódios dos de baixo, o segundo, a desmoralização e os egoísmos dos de cima. E o conjunto coincide perfeitamente com as curvas ascendentes da estatística criminal[16]. Diante de tal espetáculo, seríamos tentados a comparar nosso estado social a um vaso de guerra cujo paiol está prestes a explodir, se não pensássemos nessa porção das nações europeias que apesar de tudo permanece ainda forte e saudável: seus exércitos. E quase nos conformaríamos, então, com a necessidade do armamento universal, se

---

16. Depois que essas linhas foram escritas, uma leve melhora produziu-se do ponto de vista criminal.

isso não implicasse tão grandes perigos, o menor dos quais é seguramente que tal necessidade desempenha um pequeno papel nas condições sociais, das quais nasceu, ou melhor, ressuscitou, a "ideia" anárquica. Não se volta impunemente o espírito de invenção, como temos feito há mais de trinta anos, para a descoberta de novos explosivos militares, de engenhos formidáveis como os torpedos e os obuses de melinite. À força de exaltar como verdadeiros benfeitores da humanidade os inventores dessas monstruosidades, habituamos a imaginação humana aos horrores de seus efeitos; e após ter inventado tais coisas contra o inimigo de fora, nada pareceu mais natural do que servir-se delas contra o inimigo ou o rival de dentro, contra o inimigo interno...

Passemos à nossa segunda questão. Uma vez concebida a ideia criminosa, por que e como ela se difunde e é executada? Por que e como veio ela e encarnar-se hoje numa seita mais ou menos vasta, mais ou menos forte e temível, que a realiza, enquanto em outras épocas não teria recrutado dez adeptos? Aqui, sobretudo, as influências claramente sociais prevalecem sobre as predisposições naturais. É verdade que estas são requeridas numa certa medida – por exemplo uma propensão acentuada ao delírio odioso, à credulidade suspeitosa; mas essas aptidões abortam se a elas não se junta, o que é essencial, uma preparação das almas por meio de conversações ou leituras, pela frequentação de clube, de cafés, que lançaram nessas almas, num longo contágio de imitação lenta, a semente de ideias anteriores capazes de favorecer a acolhida de uma ideia nova. Assim, uma ideia escolhe seus homens entre aqueles preparados por outras ideias. Pois uma ideia não escolhe apenas, mas sempre faz seus homens, do mesmo modo que uma alma – ou, se preferirem, um óvulo fecundado – faz seu corpo. E é o que vai fazer também esta. Ela penetra, estende pouco a pouco suas raízes no terreno que lhe foi preparado. Do primeiro que a concebeu, ela transmite-se, por impressionabilidade imitativa ainda, a um único catecúmeno inicialmente, depois a dois, três, dez, cem, mil.

A primeira fase dessa embriogenia é a associação a dois. Está aí o fato elementar que convém estudar bem, pois todas as fases seguintes não são mais que a sua repetição. Um cientista italiano, o sr. Sighele, dedicou um volume para demonstrar que, em toda associação a dois, conjugal, amorosa, amigal ou criminosa, há sempre um associado que sugestiona o outro e imprime nele sua marca. E é bom que essa demonstração tenha sido feita, por supérflua que possa parecer. Isto é muito certo. Que se cuide o casal em que não há condutor nem conduzido: o divórcio não está longe. Em todos os casais, sejam quais forem e com maior ou menor evidência, encontra-se a distinção entre o *sugestionador* e o *sugestionado*, distinção aliás de que tanto se tem abusado. Mas, à medida que a associação aumenta por acréscimo de neófitos sucessivos, essa distinção não cessa de se produzir. No fundo, esse plural não é jamais senão um grande duelo e, por mais numerosa que seja uma corporação ou uma multidão, ela é também uma espécie de casal, no qual cada um ora é sugestionado pelo conjunto de todos os demais, pelo sugestionador coletivo, nele incluído o líder dominante, ora o grupo inteiro é sugestionado por este último. Neste caso, a sugestão permaneceu unilateral; no primeiro, ela tornou-se em grande parte recíproca; mas o fato em si mesmo não mudou. É notável que um dos exemplos mais evidentes dessa virtude autoritária inerente a certos homens que se impõem como modelo nos seja fornecido pela seita anárquica, não obstante fundada, em teoria, na supressão radical do princípio de autoridade. Se há uma sociedade que deveria prescindir de chefe e líder, é bem o caso desta. Mas o que se observa é que em parte alguma esse papel foi desempenhado de maneira mais brilhante e inexplicável do que pelo príncipe Kropotkin, inicialmente em Genebra, depois por seus lugar-tenentes Cyvoct em Lyon, Ravachol em Paris e outros alhures. E que o vem a ser, em suma, *a propaganda pelo fato,* preconizada pelo anarquismo com tanto sucesso, senão a fascinação pelo exemplo?

Há várias maneiras de ser líder, de ser sugestivo, *impressionante.* Em primeiro lugar, pode-se sê-lo ao redor de si ou a distância. Distinção importante, pois há um modelo que age a distância e que, de perto, não teria nenhuma ação ou agiria de outro modo, o que jamais ocorreu em matéria de hipnotização verdadeira Por onde se vê, entre parênteses, que a assimilação do fenômeno que nos ocupa aos fenômenos hipnóticos não deve ser exagerada. Rousseau, por exemplo, lido e relido, fascinou Robespierre. Rousseau, diria de bom grado o sr. Sighele, foi o íncubo e Robespierre o *súcubo.* Mas é infinitamente provável que, se tivessem se conhecido pessoalmente, o encanto entre ambos não teria durado muito tempo. O mesmo ocorre na relação que se estabelece entre os jornalistas e seus leitores, entre um poeta, um artista e seus admiradores que não o conhecem, entre um Karl Marx sibilino e milhares de socialistas ou anarquistas que o soletraram. A obra é com frequência bem mais fascinante que seu autor. Em segundo lugar, de longe ou de perto, o que dá a um homem ascendência sobre outros homens é o grau excepcional, ora da vontade, a inteligência permanecendo medíocre, ora da inteligência, ou somente, e sobretudo, da convicção, apesar da fraqueza relativa do caráter, ora de um forte orgulho ou de uma vigorosa fé em si mesmo, da qual se é o apóstolo, ora de uma imaginação criadora. Não se deve confundir essas diversas maneiras de liderar; e, conforme a que predomina, a ação exercida pelo mesmo homem pode ser excelente ou funesta. Estes quatro tipos principais de influência – uma vontade de ferro; uma visão de águia e uma fé inabalável; uma imaginação poderosa; um orgulho intratável – costumam estar unidos entre os primitivos; daí certamente a profundidade de sua idolatria por certos chefes. Mas, ao longo da civilização, eles se separam e, salvo algumas exceções notáveis – como Napoleão, por exemplo –, divergem cada vez mais, a inteligência, em particular, aguçando-se em detrimento do caráter que cede ou da fé que se enfraquece. A vantagem disso é uma tendência a mutualizar a ação sugestiva, primitivamente unilateral. Ademais, não é do mesmo tipo de superioridade que decorre a eficácia dominante na ação próxima e na ação a distância. Nesta, é sobretudo a superioridade intelectual ou imaginativa que é eficaz; naquela, é sobretudo a força da decisão, mesmo brutal, da convicção, mesmo fanática, do orgulho, mesmo desvairado, que é contagiosa. A civilização, felizmente, tende a fazer aumentar sem cessar a proporção das ações a distância sobre as outras, devido à extensão incessante do campo territorial e do número das celebridades, devido à difusão do livro e do jornal; e este não é o menor serviço que ela nos presta e que ela nos deve em compensação de tantos males. Todavia, no caso das multidões, é a ação próxima que se manifesta com toda a sua intensidade, confusa e impura; no caso das corporações isso ocorre muito menos, a não ser quando se trata dessas associações criminosas sem passado e sem futuro que a influência maléfica de um homem suscita e que morrem com ele.

Para voltar à seita anarquista *praticante*, o fato de ser de todo recente e sem passado corresponde apenas à sua forma atual, pois basta passar os olhos sobre suas formas anteriores para perceber que ela é muito antiga. O sonho apocalíptico da destruição universal para o maior bem do universo não é algo de novo debaixo do sol. Todos os profetas hebreus viveram dessa visão. Após a tomada de Jerusalém e a demolição do templo, no ano 70 de nossa era, o Império romano assistiu à irrupção de incontáveis apocalipses, judeus ou cristãos, tendo em comum o fato de predizerem a ruína completa e súbita da ordem estabelecida, no céu e na terra, como prelúdio necessário a uma triunfante ressurreição. Nada mais ordinário, nas épocas de cataclismos – uma erupção do Vesúvio ou um grande terremoto –, do que essa concepção do fim do mundo e do juízo final, ainda que ela contradiga em parte o suposto *misoneísmo* dos povos antigos. Assim, os dinamitadores atuais não fazem mais que retomar por conta própria o pesadelo dos milenaristas. Só que era em razão dos pecados do mundo, da não observância da Lei, que os fanáticos de Jerusalém queriam o extermínio geral, convencidos, com base nos Livros infalíveis, de que ele seria seguido de uma era de prosperidade prometida pelo próprio Deus. Eles especificavam os detalhes desse reino do Messias. Mas nossos anarquistas, quando lhes perguntam o que colocarão no lugar da sociedade demolida e arrasada, ou não respondem nada, ou, pressionados, falam vagamente da "boa lei natural" a restaurar[17]. Não nos mostram mais os Livros

---

17. Ver, no jornal *Le Matin* dos dias 11, 12 e 13 de novembro de 1892, diversos artigos e, em particular, um de Hugues Le Roux intitulado: *Un déjeuner chez les dynamiteurs* [Um almoço na casa dos dinamitadores]. O interlocutor de Le Roux lhe expôs seu programa: eles querem forçar a burguesia, por meio da dinamite, a "fazer seu exame de consciência" e

AS MULTIDÕES E AS SEITAS CRIMINOSAS 187

santos onde se leria o anúncio certo do Messias deles e de seu reino inefável. Além disso, não é por causa do mal moral, mas unicamente do mal econômico e material de que padece o mundo, que eles decidiram seu terrível aniquilamento.

Por um parentesco mais direto, os anarquistas se ligam também aos regicidas do século XIX e dos séculos anteriores, apesar da diferença aparente de motivações, aqui de ordem política, lá de ordem social. Com toda a certeza se os autores das máquinas infernais dirigidas contra Napoleão Bonaparte, Luís Felipe e Napoleão III tivessem conhecido a dinamite, é essa substância que teriam escolhido para seus atentados, como fizeram os adversários políticos do presidente da Venezuela, os quais, em 2 de abril de 1872, durante a guerra civil naquele país, dinamitaram seu palácio e, por milagre, não o atingiram. Além disso, graças ao sufrágio universal, o regicídio não é mais que uma sobrevivência. Depois que a soberania, outrora concentrada numa única cabeça, fragmentou-se entre milhões de pequenos soberanos, grandes ou pequenos "burgueses", não é mais um único homem ou uma única família, são milhões de homens que precisam ser atingidos ou atemorizados para suprimir o obstáculo maior à felicidade futura.

---

aterrorizar para reinar. "Acreditem, o temor do juízo final engendrou mais santos do que o puro amor." Tendo Le Roux perguntado o que construiriam depois de arrasarem com tudo, o anarquista balbuciou que obedeceriam à *boa lei natural*. Tal é o *ideal* pelo qual Émile Henry e Vaillant lançaram suas bombas e Caserio deu sua punhalada*. E a origem primeira desse delírio sanguinário é a idílica quimera de Rousseau sobre o *estado de natureza*: de Rousseau, o inspirador de Robespierre.

* Referência ao assassinato do presidente francês Sadi Carnot, em 24 de junho de 1894, pelo anarquista italiano Santo Caserio. (N. do T.)

O *regicídio* precisou, por conseguinte, transformar-se em *plebicídio*[18], e os Fieschi ou os Orsini em Ravachol[19].

Esses são os crimes das seitas. Há também crimes de multidões que têm com eles mais de um traço em comum, como os incêndios epidêmicos de mosteiros durante a Reforma e de castelos durante a Revolução Francesa. Nesses bandos incendiários desencadeados em pleno dia, como em nossos dinamitadores dispersos na sombra, instalava-se um ódio feroz contra as classes então dominantes e, depois, adquirido o hábito, uma raiva maníaca e vaidosa de destruição. Também esses bandos tinham por trás deles solistas para dogmatizar suas perversidades, como por trás de todo déspota, segundo Michelet, há sempre um jurista para justificar suas atitudes. E esses incêndios, como as explosões atuais, eram um crime limpo, sem sujar as mãos, poupando ao assassino a visão do sangue de suas vítimas, a audição de seus gritos lancinantes. Nada melhor para conciliar a crueldade mais selvagem com a sensibilidade nervosa mais profunda.

Essa comparação mostra até que ponto uma seita criminosa pode ser inclusive mais temível que uma multidão criminosa. Em contrapartida, é visível também que a repressão tem muito mais poder sobre a primeira do que sobre a segunda. O que faz o perigo de uma seita é o que faz sua força, isto é, a continuidade do progresso em

---

18. Isto estava escrito antes do assassinato do presidente Carnot, crime excepcional e de certo modo atávico, tanto por seus métodos quanto por sua natureza.

19. Em 1831, o chefe de polícia Gisquet (ver suas *Mémoires*) é informado de que "um bando de indivíduos pretendia incendiar as torres da igreja de Notre-Dame e fazer desse acontecimento o sinal de uma insurreição de Paris". Temos aí, seguramente, precursores diretos de nossos *pandestruidores.* O complô quase deu certo: os conjurados foram detidos no momento em que uma torre já começava a pegar fogo.

seu caminho. Os sistemas de mechas e de ignição começaram por ser defeituosos, não tardando a ser substituídos por outros mais perfeitos, pela bomba de efeito retardado que foi uma obra de gênio infernal.

Um outro perigo das seitas é que elas não se recrutam apenas, como as multidões, entre pessoas mais ou menos semelhantes entre si pelos instintos naturais ou pela educação, mas convocam e empregam diversas categorias de pessoas bastante diferentes. Quem se assemelha se junta, mas quem se completa se associa, e para se completar é preciso diferir. Quem se assemelha se junta é válido sobretudo em relação às seitas. Há não um único tipo, mas vários tipos jacobinos, niilistas, anarquistas. A propósito dos anarquistas lioneses de 1882, Bérnard ficou impressionado com a variedade de sua composição: "Místicos sonhadores, ingênuos ignorantes, malfeitores comuns... ao lado de operários que haviam lido muito sem compreender direito o que liam, formavam o mais estranho amálgama de todas as doutrinas, verdadeiros animais ferozes, dos quais Ravachol foi o mais belo espécime; enfim, dominando a todos, o filho da mais autocrática das aristocracias, Kropotkin, que acreditava, com toda a boa fé, que a condição dos camponeses da França podia ser assimilada à dos servos da Rússia..." Sem falar de loucos de verdade que se misturavam ao grupo. Isto quanto aos praticantes do crime sectário. Quanto a seus teóricos, que deles se distinguem claramente e às vezes os repudiam sinceramente, não são menos múltiplos e diversos; há uma grande diferença entre o gênio rabugento e arrogante que forja contra o capital especiosos teoremas, e o tribuno, como Lassalle, que os lança como flechas incendiárias, ou o jornalista que os vulgariza e os converte em moeda falsa. No entanto, o concurso de todos esses talentos díspares e sua confluência com os místicos, os ingênuos e os malfeitores de que falamos há pouco, também eles dando sua contribuição, esse duplo concurso e essa confluência foram necessários para que uma bomba de dinamite viesse a explodir[20].

Eles são tão heterogêneos física quanto moralmente. Alguns são desclassificados fisiológicos e anatômicos, por assim dizer. Muitos dos anarquistas de Lyon parecem enquadrar-se nesse caso. Nisto, pouco se assemelham a seus confrades de Liege. Convém observar também que os vários atentados cometidos por estes últimos, nessa cidade, entre março e maio de 1892, não tiveram outras consequências a não ser destruições materiais (em particular, na igreja Saint-Martin, a de maravilhosos vitrais); há inclusive razões para crer que jamais visaram matar ou ferir alguém. Seja como for, dois importantes criminalistas, que viram e examinaram longamente dezesseis anarquistas presos em Liege, o sr. Thiry, professor de direito penal nesta cidade, e o sr. Prins, inspetor-geral das prisões da Bélgica, me afirmaram, em perfeita concordância, não terem notado neles a menor anomalia física. Ambos ficaram impressionados "com seu aspecto de grande honestidade". Todos esses homens pareceram ao sr. Thiry irrepreensíveis "do ponto de vista do trabalho, da família e dos costumes. Um deles é de um misticismo extraordinário. Vários, talvez a maioria, são muito inteligentes". O que não os impede de serem muito ingênuos, segundo o sr. Prins. "Queriam", disseram-lhe, "cha-

---

20. A relação entre os inspirados da imprensa e os executores mostrou-se com evidência em Lyon. Em outubro de 1892, dois atentados ocorreram nessa cidade. Um num café que, poucos dias antes, fora *designado* num jornal anarquista: houve um morto e vários feridos; o outro, próximo à junta de recrutamento militar, que igualmente acabara de ser designada pelo mesmo jornal.

mar a atenção do público para a sorte infeliz do povo através de um acontecimento de impacto. A Comuna de Paris havia chamado a atenção para a sorte dos operários; era preciso continuar". Todos, com exceção do líder, Moineaux, estavam arrependidos por seus desvarios. Esse simples fato denota a influência deste último sobre eles. "É evidente", escreve-me ainda o sr. Prins, "que eles se exaltam mutuamente ao conversarem", o que explica sua conversão após o isolamento celular: "Fiquei impressionado", acrescenta o mesmo observador, "com a fisionomia afável, aberta, inteligente e simpática de um jovem operário armeiro. Ele contou-me que passava, fora das horas de trabalho, todo o seu tempo lendo. Havia lido Montesquieu, Proudhon, Kropotkin etc. Em Montesquieu havia encontrado a justificação do direito à insurreição; em Proudhon, lera que a propriedade é o roubo. *A conquista de Paris*, do príncipe Kropotkin, o havia comovido. 'O senhor não pode imaginar', disse-me ele, 'como é belo!'" Quantos cérebros semelhantes devem ser assim sugestionáveis!

O retrato feito por Hugues Le Roux, em *Le Matin*, dos anarquistas parisienses com quem almoçou, concorda perfeitamente com as observações dos senhores Prins e Thiry. "Eu olhava meus anfitriões com curiosidade", diz Le Roux. "Eles não tinham na face aquelas terríveis assimetrias, aquelas deformidades de alcoolismo que tornam tão deprimentes as fotografias de Bertillon*. Eram homens do povo de uma cultura abaixo da média, todos trabalhadores." Eles expõem suas teorias, parecidíssimas àquelas que dois outros "companheiros" que compareceram à redação do *Le Matin* (11 de novembro de 1892) ali

---

* Alphonse Bertillon (1853-1914), criador do sistema de identificação dos criminosos conhecido pelo nome de *antropometria*. (N. do T.)

expuseram. Estes últimos vinham recolher contribuições para *sopas-conferências*. O pão do corpo e o pão do espírito ao mesmo tempo. O *panem et circensis* talvez fosse menos perigoso.

Todas essas ideias que se busca difundir por tais "conferências", nós conhecemos, sabemos sua origem. É com falsas ideias, discursos enfáticos, teorias frequentemente abstrusas, que se criam seitas; é com sensações, falsas sensações às vezes, com mentiras para os olhos, e não para o espírito, que se sublevam as multidões. Quando, nos funerais de César, Antônio quer levantar o povo de Roma, o que faz?[21] Após um patético discurso, de repente faz erguer e descobrir o cadáver que até então permanecia deitado e velado, o cadáver nu e com as marcas de vinte e três punhaladas. "O povo crê que o próprio César ergue-se de seu leito fúnebre para exigir vingança. Imediatamente dirigem-se ao tribunal onde ele foi atacado, incendeiam-no, procuram os assassinos e, confundidos pelo nome, fazem em pedaços um tribuno de nome Cinna que tomam pelo pretor..."[22] Em vez dessas sensações alucinatórias, ponham-se sofismas teológicos, metafísicos, econômicos, conforme os tempos e os lugares, e uma seita irá nascer – hussitas, anabatistas, jacobinos, niilistas, anarquistas –, mais incendiária, mais homicida e terrível, e muito mais durável do que a sublevação romana provocada pela visão do cadáver de César.

De Karl Marx a Kropotkin e Ravachol, a distância é grande: mas os três se conjugam – e lamento pelo primeiro, que é um economista fora de série. Da indigna-

---

21. Ver Duruy, *Histoire des Romains*, t. III, pp. 430 ss.
22. No início da revolução de 1848, o cadáver de um insurreto desfilou à noite pelas ruas de Paris, sendo um dos principais agentes do levante popular.

AS MULTIDÕES E AS SEITAS CRIMINOSAS 193

ção, muito frequentemente justificada, contra uma ordem social considerada injusta e má, passa-se fatalmente à cólera que maldiz os beneficiários dessa injustiça e ao ódio que os mata; não há pessoas que nascem com a necessidade irresistível de odiar alguém ou alguma coisa? Mais dia, menos dia, esse ódio encontra seu objeto, um indivíduo que será atacado pela pena ou pela espada, pela difamação ou pelo assassinato. Os violentos da imprensa o designam aos assassinos da rua. Ravachol é o tipo do anarquista praticante, do sicário desinteressado. Pertence à categoria desses reincidentes penais que toda seita criminosa conta em suas fileiras. "Muitos anarquistas", diz Bérnard, "foram condenados por roubo: Bordat, Ravachol, François, o autor da explosão no café Véry". Ainda assim é justo observar que, mesmo nos roubos e homicídios comuns praticados por eles, revela-se uma índole rara de vontade ou um motivo à parte. Que lúgubre energia na violação de sepultura confessada por Ravachol! Se, no assassinato do ermitão, ele matou para roubar, talvez fosse mais certo dizer que roubou para matar, para fornecer aos companheiros o dinheiro necessário à execução de seus sangrentos propósitos. Ravachol, nesse sentido, foi um lógico sinistro: aquele velho ermitão é um capitalista, todo capitalista é um ladrão que mata de fome o operário; matemo-lo, recuperemos o que é nossa[23] tomando o seu ouro, empreguemos esse ouro para exterminar os carrascos do povo e destruir tudo o que construíram: catedrais, museus, bibliotecas, minas,

---

23. Foi o que disse o anarquista Zévaco, perante o Tribunal de Paris, em outubro de 1892: "Os burgueses nos matam de fome; roubemos, maternos, dinamitemos; todos os meios são bons para nos livrarmos dessa podridão."

fábricas, estradas de ferro, encarnações ou disfarces multiformes do hediondo Capital.

Esse caráter de lógica monstruosa é mais evidente ainda em Ravachol do que em Fieschi, a quem aliás ele se parece em mais de um traço. Houve progresso de um a outro, tanto nesse aspecto como no dos engenhos que empregaram. Mesmo orgulho teatral, insensato em ambos[24]; mesma coragem. Fieschi também era reincidente penal: outrora havia roubado gado na Córsega, sua pátria, e falsificado o selo da prefeitura – não mais que picadilhos, ao que parece, entre esses insulares. Mas, nesse tecelão corso, se a lógica é menor, se, nessa natureza abrupta, tudo converge de forma menos terrível e coerente para o objetivo, há, em compensação, mais dessa beleza sombria e atroz que é a luz à Rembrandt desses grandes culpados. Ele confessou tudo, "a fim de não passar por mentiroso"[25]. Teria pudor de mentir, esse ex-falsário! Coragem e crueldade são o verso e o reverso habituais de uma mesma medalha antiga. Como os romanos de outrora, ele era bravo e cruel por bravura. Embora injustificável, compreendesse um pouco melhor esse desprezo pela vida de outrem, capaz de sacrificar sem pestanejar vinte inocentes para atingir um único homem, quando ele está ligado ao desprezo pela morte. Esse assassino não era covarde.

Fieschi nos deixou, de seu estado de alma no momento de seu atentado, um retrato muito vivo para não ser verdadeiro, de resto, ele tinha, por orgulho, o culto da veracidade tanto quanto o culto da gratidão. Ele está a postos, com seus canhões ajustados, aguardando o ins-

---

24. "Se eu contasse o que fiz", dizia Ravachol a Caurnartin, "veriam meu retrato em todos os jornais".
25. Ver as *Memórias* de Gisquet, t. IV.

tante em que o rei [Luís Felipe] irá passar. Jurou cumprir sua fatal resolução, prometeu fazê-lo a Pépin e a Morey, e o fará custe o que custar. No entanto, percebe de repente na multidão o sr. Ladvocat, "seu benfeitor". A essa visão, muda a posição de suas armas, pois lhe é impossível atentar contra essa vida, sagrada para ele. Mas o sr. Ladvocat desaparece, e o rei surge escoltado por um regimento. Novas hesitações: matar tantos generais e oficiais "que conquistaram seus postos nos campos de batalha, combatendo pelo país sob as ordens de Napoleão, 'o grande corso'!" A coragem vai lhe faltar, quando se lembra, diz ele, que deu a palavra a Pépin e a Morey, e então se diz: "Mais vale morrer – e mesmo matar – do que sobreviver à vergonha de haver prometido e depois passar por covarde."[26] E dispara. Pode-se dizer que tais homens, Fieschi e mesmo Ravachol, estavam inevitavelmente predestinados ao crime? O atentado do primeiro também não foi uma coisa simples. Para produzi-lo, foi preciso que a astúcia fria e taciturna de Morey e os recursos financeiros e intelectuais um pouco superiores de Pépin se combinassem com a obstinada energia de Fieschi; e foi preciso também que o fanatismo dos três fosse excitado, aquecido a cada dia pelas violências de alguns jornalistas, eles próprios encorajados pela malignidade ou pela pasmaceira de milhares de leitores. Suprima-se um desses cinco "fatores" – o público, os jornais, a concepção, o dinheiro, a audácia –, e a terrível explosão não teria ocorrido. A cada bomba que explode, portanto – e a cada escândalo financeiro, parlamentar ou outro qualquer que

---

26. Ele se preocupava muito com o que diriam dele na Córsega. Essa preocupação dominante com a pequena sociedade e o esquecimento da grande são característicos. Também Ravachol só se inquietava com a impressão produzida por seus crimes no grupo de seus "companheiros".

comova a opinião –, podemos todos fazer, em maior ou menor grau, o nosso *mea culpa*; todos temos nossa pequena parte nas próprias causas de nosso alarme. É um pouco a culpa de todos nós se tais organizações poderosas acabaram mal, como se diz. Certamente, disso não se conclui que devamos absolver os malfeitores. Os contágios que sofremos nos revelam a outrem e a nós mesmos às vezes, mais ainda do que nos arrebatam; eles não nos absolvem. Quando a multidão feroz se lança contra o mártir, alguns espectadores são fascinados e arrastados por ela, mas outros o são por ele. Diremos que esses últimos, heróis por imitação, não merecem, em razão desse deixar-se levar, nenhum louvor? Seria igualmente justo poupar aos primeiros toda censura, pois só tiveram uma ferocidade reflexa. Mas deixemos, de momento, esses delicados problemas de responsabilidade. Pelas considerações e os documentos que precedem, nos propusemos apenas estudar um pouco a psicologia e a patologia comparadas das multidões e das associações criminosas, mas não sua terapêutica penal.